LUCA DELLA BIANCA

manuale di

CAFFEOMANZIA

il futuro nei fondi di caffè

HERMES EDIZIONI - ROMA

ISBN 88 - 7938 - 215 - 2

❑ Printed in Italy ❑ S.T.A.R. - Via Luigi Arati, 12 - 00151 Roma

A Patrizia
che spero di svegliare ogni giorno
con un buon caffè
e a mio figlio che mi terrà sveglio
anche senza caffè

Un grazie particolare a Paola Canonico
e a Giuseppe Rocca
per i sapienti consigli che hanno saputo darmi.

Indice

Introduzione

La caffeomanzia non è che uno dei numerosissimi sistemi di divinazione inventati dall'uomo e, rispetto ad altri, neppure il più antico; la sua peculiarità risiede principalmente nel tipo di supporto usato: i fondi del caffè appunto.

Le basi sulle quali si fonda sono, invece, comuni a quelle di tutte le altre mantiche, sempre le stesse da 7000 anni, dal tempo in cui i Caldei scrutavano i cieli per trarne presagi o leggevano attentamente le linee della mano.

La quantità di mezzi che nel corso dei secoli l'uomo si è inventato per prevedere il proprio destino è impressionante e non può che invitarci a considerare la storia umana anche come storia d'ansie, di paure, d'incertezze, come racconto di una lotta senza sosta per il dominio sul traballante presente attraverso l'anticipazione degli eventi futuri.

Lo struggente desiderio di serenità e di felicità non si è mai affievolito, l'uomo l'ha sempre inseguito cercando di svelare le leggi del destino, sollevando sprezzante la testa e reclamando, con afflato assolutamente anarchico, la propria indipendenza dalle regole imposte da qualcun altro, da qualcos'altro.

E i suoi occhi si sono perduti nelle strane volute che i fondi di caffè formavano dentro la tazza, con la testa avvolta in una nuvola d'aroma. Solo con il proprio mondo interiore ma dentro un rito sociale intramontabile che comunica amicizia, ospitalità e che da sempre soddisfa il bisogno di trarsi fuori dal fiume delle circostanze quotidiane per riordinare la mente e per immaginare le tappe a venire.

Oggi, come ieri, leggi scientifico-matematiche, calcoli logici, indagini statistiche non riescono a placare la sua fame di sicurezza: a questo pensa, specchiandosi nel liquido nero fumante, alle cose accadute che nessuno aveva previsto e che forse dentro di sé avrebbe potuto minimamente percepire come un improvviso frullo d'ali.

Così, da una cerimonia domestica e affatto democratica è nata, come naturale conseguenza, un'arte divinatoria alla portata di tutti, priva d'orpelli stregoneschi e da baraccone, semplice come... bere un caffè. Curiosa, invitante, ricca di riverberi interessantissimi, è un mezzo per riacquistare fiducia nella nostra capacità di "vedere", liberi dai lacci dei condizionamenti, per abbandonarsi al proprio sentire, lasciando fluire emozioni, pensieri, per stimolare la fantasia.

In un simile magma di figure, di sensazioni, di odori troveremo, o soltanto sfioreremo, il bandolo di quell'intricato gomitolo che è il destino, ma soprattutto faremo un po' di luce nel nostro mondo interiore in quel preciso momento della vita.

E, in fondo, le due cose sono una sola, perché soltanto una conoscenza approfondita del nostro presente ci permette di guardare nel futuro.

All'entrata del tempio di Delfi, meta per chiunque volesse impadronirsi del proprio destino, un'iscrizione ammoniva: "Conosci te stesso".

Sulla porta della cucina dell'oracolo, nell'illusorio mondo del futuro di *Matrix*, c'è sempre scritto: "Conosci te stesso".

1. Storia di una bevanda

Ridolfo: ... una volta correva l'acquavite,
adesso è in voga il caffè.
Trappola: Quando si apre una bottega nuova,
si fa il caffè perfetto.
Dopo sei mesi al più, acqua fresca.
Carlo Goldoni, *La bottega del caffè*, atto I, scena 1

Secondo un anonimo letterato del XVII secolo, il caffè era già noto nell'antica Grecia e, a suo dire, il grande Omero si riferiva alla *coffea arabica* quando scriveva che Elena di Troia "... nel dolce / vino, di cui bevean, farmaco infuse / contrario al pianto e all'ira, e che l'obblio / seco inducea d'ogni travaglio e cura. / Chiunque misto col vermiglio umore / nel seno il ricevé, tutto quel giorno / lagrime non gli scorrono dal volto, / non, se la madre o il genitor perduto, / non, se visto con gli occhi a sé davante / figlio avesse o fratel di spada ucciso ... / Il nepente già infuso, e a' servi imposto / versar dall'urne nelle tazze il vino ..."[1].

Il mitico nepente che Elena aveva portato dall'Egitto e che alterava lo stato psicofisico di chi lo beveva era dunque il caffè? Congetture affascinanti, ma non certo dimostrabili.

Altri dotti hanno creduto rinvenire testimonianze della sua esistenza persino nella Bibbia e, leggendo nel primo libro di Samuele (25,18): "Abigail allora prese in fretta duecento pani, due otri di vino, cinque arieti preparati, cinque misure di *grano tostato*, cento grappoli d'uva passa e duecento schiacciate di fichi secchi e li caricò sugli asini", si sono convinti che quel "grano tostato" fosse in realtà caffè. Del resto anche in Ruth 2,14 si parla di questi semi tostati: "Booz le pose davanti *grano abbrustolito*; essa ne mangiò a sazietà e ne mise da parte gli avanzi".

[1] Omero, *Odissea*, libro IV, trad. Ippolito Pindemonte.

C'è addirittura chi vede in Genesi 25,29-34 una menzione ai chicchi di caffè, chiamati in questo passo "lenticchie": "Una volta Giacobbe aveva cotto una minestra di *lenticchie*; Esaù arrivò dalla campagna ed era sfinito. Disse a Giacobbe: 'Lasciami mangiare un po' di questa minestra rossa, perché io sono sfinito'".

Come si può intuire già da questi pochi accenni, numerosi e leggendari sono i racconti sull'origine dell'alberello sempreverde della famiglia delle Rubiacee. Alcuni ne attribuiscono la scoperta ai sufi dello Yemen che lo avrebbero usato per restare svegli in incessante preghiera durante tutta la notte. Altri narrano che il potere miracoloso del caffè fu rivelato a Salomone addirittura dall'arcangelo Gabriele, consentendogli di sopravvivere nel deserto grazie solamente alla bevanda fatta con i semi della pianta tostati al caldo sole. Si scomoda perfino il profeta Maometto che, sempre attraverso l'intercessione dell'arcangelo Gabriele sceso dal cielo, scoprì che con il caffè si tenevano più a lungo gli occhi aperti e quindi si poteva pregare di più.

Altri ancora fanno il nome del derviscio Hadji Omar (ma c'è anche chi parla del mistico sufi al-Shadhili) che fu spinto dal fantasma del suo maestro a recarsi a Mocha (Al Mukha), nello Yemen, dove con le sue preghiere guarì la popolazione da un'epidemia; innamoratosi però della figlia del re, per punizione fu esiliato in una caverna sulle montagne, senza alcuna fonte di sostentamento. Ancora una volta chiese aiuto allo spirito del suo maestro e, sentendo il canto di un bellissimo uccello appollaiato su di un albero, si avvicinò a quello strano arbusto pieno di bacche e le raccolse; la sera un impulso misterioso lo spinse a buttarle nell'acqua bollente: sperimentò così l'effetto energizzante della bevanda ricavatane e in seguito diffuse il suo segreto agli abitanti di Mocha che, tra l'altro, lo fecero addirittura santo. Una leggenda bellissima, non c'è che dire.

C'è pure chi afferma che il primo caffè in tazza lo prepararono gli arabi quando, venendo a mancare il tè – introdotto in Arabia probabilmente nel 1400 – perché la Cina, che lo esportava, tagliò i rapporti commerciali con il resto del mondo, si diedero da fare con quello che avevano a disposizione per gustarsi una bevanda calda.

La storia tuttavia più popolare e colorita, che si colloca intorno al 1440, è quella del pastore etiope (ma c'è anche chi parla addirittura di un pastore afgano) di nome Kaldi che, notando un suo caprone saltellare e belare come un pazzo, scoprì che l'agitazione dell'animale si manifestava dopo aver rosicchiato le bacche di un cespuglio; lui stesso assaggiò tali chicchi e iniziò a saltellare tutto contento assieme al suo caprone. Un monaco derviscio passando di lì vide la strana coppia, raccolse anche lui alcuni frutti del cespuglio miracoloso, li mangiò e non riuscì a chiudere occhio per tutta la notte: aveva finalmente trovato un metodo completamente naturale per tenere svegli i suoi seguaci durante le interminabili e noiose prediche che li obbligava ad ascoltare!

Secondo l'autore della voce "caffè" nel *Dizionario enciclopedico italiano* la pianta verrebbe dalla regione del Kaffa in Abissinia (!) dove cresce a 1000-1300 metri di altitudine. Il solerte e ben informato compilatore non mente.

Infatti, 3000 anni fa, la tribù nomade degli Oromo, che viveva appunto nel regno di Kaffa[2], in Etiopia, aveva l'abitudine di mangiare i chicchi di caffè (in etiope *buna*, il nome con cui tuttora si designa la bevanda) triturati, impastati con del grasso e fatti a forma di palline: con tale cibo si eccitava per sferrare gli attacchi con maggior determinazione contro le popolazioni confinanti.

Anche la prima tazzina di caffè sembra fu preparata in Etiopia, non ancora con i chicchi, ma utilizzando le foglie di caffè tostate oppure quelle verdi appena colte: il primo infuso ancor oggi si chiama *kati*, il secondo è detto *amertassa*.

Con la deportazione delle popolazioni Oromo ridotte in schiavitù ad Harrar, nell'entroterra etiope, il caffè iniziò a diffondersi in Medio Oriente, e la bevanda a base di foglie assunse il nome di *kafta*.

[2] Proprio dal nome di questa città, secondo alcuni, deriverebbe la parola "caffè". Per altri, invece, il lemma proverrebbe dal turco *kahve* che a sua volta discende dall'arabo *qahwa* che significa "vino"; la sua radice, *q-h-w-y*, originariamente si riferiva al "rendere sgradevole qualcosa": infatti, il vino per alcuni rende sgradevole il cibo. Il caffè non rende forse "sgradevole" il sonno?

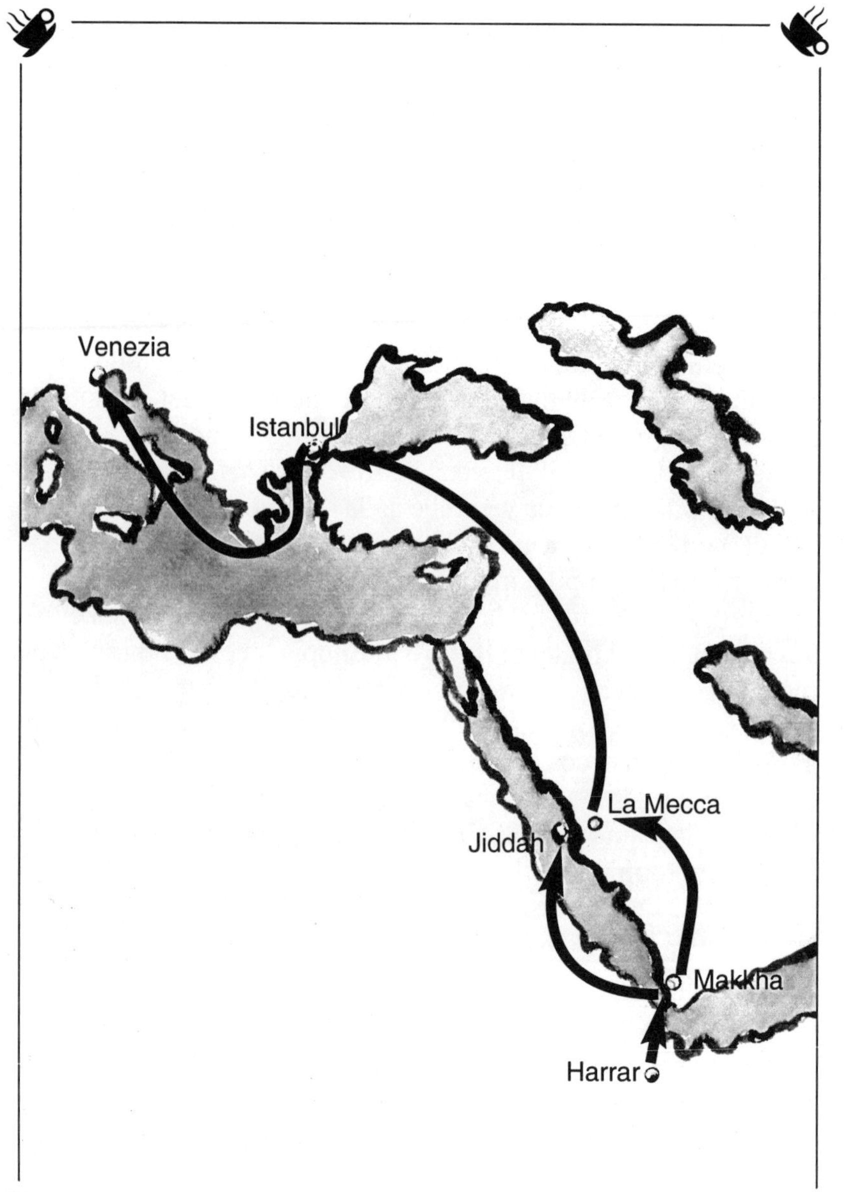

Figura 1

Da Harrar si propagò verso la costa, in direzione del Mar Rosso e, per nave, approdò al porto di Makkha (o Mocha) nell'odierno Yemen, sempre grazie al commercio di merci varie e di schiavi che per tutto il primo millennio sussisteva tra Harrar e Makkha.

A Mocha, secondo una delle tante leggende sopra citate, intorno al 1200-1300, il maestro dell'ordine shadhilita[3] Shaykh 'ali ibn 'Umar al Shadhili rese noto il modo di preparare la bevanda con i chicchi: forse l'aveva appreso durante una sua visita in Etiopia, oppure l'aveva imparato casualmente per strada tornando a casa dopo le preghiere, o gli era stato rivelato dal cielo... i racconti e le leggende non si contano.

L'infuso piacque subito a tutti e i sacchi di chicchi iniziarono ad essere richiesti oltre i confini dello Yemen. Una volta acquistato a Mocha, il caffè era trasportato per mare a Jiddah, in Arabia Saudita, oppure attraverso l'antica via delle spezie, percorrendo il deserto, giungeva alla Mecca. Il porto di Mocha divenne presto sinonimo di caffè e, quando nel 1400 i Turchi conquistarono lo Yemen, la nera bevanda era ormai bevuta in tutto il mondo islamico.

Durante il periodo di massima potenza dell'Impero Ottomano, sorbire il caffè sarebbe divenuto un gesto comunissimo, ma già nel 1555 a Istanbul due siriani di nome Hakam e Shams avevano aperto il primo locale pubblico laico per la degustazione dell'"ambrosia degli dèi". Anche se piuttosto comuni in Iran, i caffè turchi furono i primi aperti a tutti, luoghi d'incontro per poeti, intellettuali, professori, mistici e perdigiorno d'ogni risma: vi si chiacchierava, si leggevano poesie, si rappresentavano spettacoli di marionette, si consumavano droghe mescolate al caffè e si potevano perfino prezzolare floride prostitute o bei ragazzi. Non a caso il sultano Murad IV, che resse l'impero della falce di luna nel Seicento, preoccupato che da luoghi dove, a mente lucida, si riunivano persone per scambiarsi liberamente proprie opinioni,

[3] L'ordine shadhilita si diffuse tra il 1200 e il 1500 in tutta la penisola arabica e perfino in Spagna, dove tutt'oggi esiste un gruppo sincretistico cristiano-musulmano detto al-Shadhili.

potessero nascere complotti contro la sua persona, rase al suolo ogni caffè di Istanbul, fece arrestare o addirittura uccidere chiunque fosse sorpreso a bere caffè e affondò tutte le navi che cariche di chicchi giungevano in porto. Solo dopo la sua morte, i caffè turchi ripresero pian piano la loro attività ma già il commercio delle preziose bacche si era spostato all'estero, in Europa.

Il primo a parlare del caffè e a farne una descrizione minuziosa della pianta è il padovano Prospero Alpino nel suo *De plantis Aegypti* del 1592; pare che lo stesso botanico-medico l'abbia portato a Venezia, intorno al 1570, di ritorno da un suo viaggio in Oriente. All'inizio, la bevanda ricavata dai neri chicchi era costosissima e appannaggio perciò di pochi (era nientemeno venduto in farmacia), tuttavia, appena cento anni dopo la sua prima comparsa, nella sola città lagunare si contavano ben 218 caffetterie.

Durante il Seicento, molto rapidamente la "pozione del diavolo" – aborrita e così definita da alcuni cristiani, prima che Clemente VIII l'approvasse e la benedicesse – fu conosciuta nel resto dell'Europa: certi mercanti marsigliesi che commerciavano con l'Oriente la portarono in Francia nel 1644 e nel 1671 aprì, proprio a Marsiglia, la prima bottega di caffè. Con il *placet* dell'entusiasta Luigi XIV, che a corte la preparava personalmente per i suoi ospiti, solo otto anni dopo comparve a Parigi la prima caffetteria e, nel 1686, si inaugurò il celeberrimo Café Procope[4] ai cui tavolini di marmo sedettero Diderot, D'Alembert, Rousseau, Napoleone, Voltaire, Molière, Beaumarchais e i più noti letterati, filosofi, artisti, uomini politici d'Europa.

Indimenticabile la battuta di Madame de Sévigné, nobile scrittrice dell'epoca, che, non stimando Racine e attribuendo il suo successo ad una moda del momento, ebbe a dire: "Racine passerà come il caffè"! La storia non sembra proprio averle dato ragione, visto che l'autore della *Phèdre* e di altri memorabili

[4] Procope è il nome francesizzato del proprietario, il siciliano Francesco Procopio dei Coltelli.

drammi, come pure la nera bevanda hanno resistito fin troppo bene all'oblio.

Perfino l'Inghilterra, patria indiscussa del tè, si avvicinò, nella seconda metà del XVII secolo, all'"ambrosia degli dèi". Anche oltre la Manica, attorno alle tazze fumanti di quest'esotica bevanda, gli argomenti più frequenti furono arte, letteratura, politica e affari, tanto che comunemente le caffetterie erano chiamate "Penny Universities", appunto perché per entrare a far parte dei loro cenacoli culturali si doveva pagare un centesimo. Una simpatica ballata recita infatti:

Ti potrai deliziar in spirto e allegria
e novità ascoltare a bella posta
da ogni dove arrivare senza sosta,
dalla razza olandese, danese, turca e giudia.
...
Una sì grand' Università
non penso al mondo ci sia,
dove allievo puoi diventar
se un penny puoi pagar.

Alcuni locali battevano perfino una propria moneta, dei gettoni di cuoio o di metallo recanti l'effige o il motto della *coffeehouse* che erano usati dagli avventori per l'acquisto di caffè o di altri prodotti (Figura 2).

In simili nuovi e democratici luoghi di ritrovo si svilupparono facilmente idee, progetti, invenzioni. Per esempio, dal gioco d'azzardo tra capitani di vascello e mercanti che, per avere notizie fresche sulla navigazione, si ritrovavano alla Lloyd's Coffeehouse di Londra – se una nave su cui si era scommesso arrivava a destinazione, Edward Lloyd, il proprietario, si teneva i soldi della puntata, se affondava pagava la "vincita" – nacque la più grande compagnia assicurativa del mondo. La maggiore società mercantile di tutti i tempi, la Compagnia delle Indie Orientali, fu fondata dai frequentatori del Jerusalem Café; il London Shipping Exchange prese le mosse dalla Baltic Coffeehouse.

BROOK HOVSE IN HOLBORN HIS HALF PENNY
HER HALFE PENNY M L
STREET IN COVENT GARDEN
HENRY MVSCVT
COFFE AT THE WEST CVNTRY
I S
The Coffee house in Exchang Alley

Figura 2

La popolarità di locali del genere ebbe nel Regno Unito un effetto destabilizzante, non solo per il commercio del tè: nel 1674 le donne londinesi presentarono al sindaco una petizione perché fosse messo al bando il "molto pernicioso caffè" che allontanava i mariti da casa e infiacchiva, a loro dire, le loro prestazioni sessuali. L'anno seguente, re Carlo II, intimorito dal clima democratico che regnava nelle *coffeehouse*[5], nelle quali frequente era il dibattito politico e dove si organizzavano anche specie di referendum *ante litteram* sugli argomenti più controversi, le mise al bando, ma dopo dieci giorni, a causa dell'immenso malcontento popolare, dovette ritornare sui propri passi.

Al contrario in Germania, nazione in cui il primo caffè aprì ad Amburgo nel 1679 (seguirono poi Francoforte, Lipsia, Norimberga, Berlino), lunghe furono la diffidenza e l'ostilità nei confronti della tazzina, concorrente della tradizionale birra. Il sovrano Federico II di Prussia promulgò addirittura un decreto con il quale lo Stato avocava a sé il diritto di possedere e torrefare il caffè, inoltre vere e proprie campagne pubblicitarie incitavano a consumare caffè di cicoria, più salutare per i cittadini e... per le finanze dello Stato.

Accanito sostenitore della nuova aromatica bevanda fu senza dubbio Johann Sebastian Bach che la esaltò in una operina, intitolata appunto *Cantata del caffè*, la cui protagonista, Lisetta, rivendica il proprio diritto alla degustazione del caffè e lo pone tra le condizioni del suo consenso alle nozze.

Verso la seconda metà del XVII secolo, i colonizzatori europei esportarono il caffè in America (alcuni attribuiscono il viaggio transoceanico della nuova pianta all'aristocratico francese Gabriel De Clieu) e lentamente, da New York a New Orleans, spuntarono *coffeehouse* dove ci si riuniva per discutere di politica, per pianificare affari (l'antesignana dell'odierna borsa era proprio in una caffetteria), per organizzare vendite all'asta. Il caffè,

[5] In esse erano affisse le seguenti regole: *Nobili e mercanti insieme sedetevi / e il posto migliore non litigatevi / occupi ognuno lo scranno che vuole / e se persona di maggior rango vi sia / nessuno si alzi e il posto gli dia.*

osteggiato dalla corona inglese, diventò per gli americani il simbolo della ribellione nei confronti della vecchia Inghilterra, il liquido rivoluzionario da contrapporre a ciò che l'impero coloniale beveva e aveva loro imposto fino a quel momento: il tè. Tutto ciò sfociò nel 1773 col gesto eclatante del Boston Tea Party, il gruppo di patrioti americani che, esasperato dalle ingenti tasse britanniche, saccheggiò le navi della Compagnia delle Indie Orientali ormeggiate nel porto di Boston, e gettò in mare il loro carico di tè.

Il vero e proprio boom del caffè si ebbe però in Europa nel Secolo dei Lumi e c'è anche chi asserisce – come lo storico e studioso di questioni sociali Jules Michelet nel suo *Mon Journal*, o Wolfgang Schivelbush in *Tastes of Paradise* – che furono proprio le sue proprietà stimolanti a far compiere all'umanità quel salto in avanti, a trasformare l'uomo pigro, scarsamente sociale, appesantito dalla birra nello smilzo, razionalista, aperto e rivoluzionario uomo illuminista. Del resto, a pensarci bene, la "lucidità" di un Lessing e di un Kant, il cinismo di un Voltaire, gli ideali dei *philosophes* e degli enciclopedisti[6], si possono senza difficoltà immaginare avvolti nell'aroma di una fumante tazza di nero caffè, discussi al tavolino di un locale pubblico dove chiunque può sedere e unirsi al dibattito.

Non a caso, in Italia, faro delle idee illuministe fu il periodico milanese di Alessandro e Pietro Verri che si chiamava appunto *Il Caffè*[7], il quale, rifacendosi a pubblicazioni molto in voga in quegli anni in Inghilterra, fingeva di riportare le conversazioni udite nella bottega di un caffettiere greco trasferitosi a Milano.

Un'altra testimonianza del successo e della diffusione di quest'esotico infuso ci è data dal Parini che, nel suo satirico *Il giorno*, così lo celebrava, consigliandolo al giovin signore:

[6] Nell'*Enciclopedie* è scritto, infatti, che "i caffè sono anche manifatture dello spirito, sia buone che cattive".

[7] Stampato a Brescia, allora in territorio veneziano, uscì ogni dieci giorni dal 1764 al 1776. Le sue maggiori firme furono, oltre ai due fratelli Verri animatori dell'idea, Cesare Beccaria, Alfonso Longo, Carlo Sebastiano Franci, Giuseppe Colpani e molti altri intellettuali e scrittori dell'epoca.

Ma se nojosa ipocondria t'opprime,
o troppo intorno a le vezzose membra
adipe cresce, de' tuoi labbri onora
la nettarea bevanda ove abbronzato
fuma, ed arde il legume a te d'Aleppo
giunto, e da Moca che di mille navi
popolata mai sempre insuperbisce.
Certo fu d'uopo, che dal prisco seggio
uscisse un Regno, e con ardite vele
fra straniere procelle e novi mostri
e teme e rischi ed inumane fami
superasse i confin, per lunga etade
inviolati ancora: e ben fu dritto
se Cortes, e Pizzarro umano sangue
non istimàr quel ch'oltre l'Oceano
scorrea l'umane membra, onde tonando
e fulminando, alfin spietatamente
balzaron giù da' lor aviti troni
re messicani e generosi Incassi,
poiché nuove così venner delizie,
o gemma degli eroi, al tuo palato.

In modo molto naturale, come del resto accadeva già da due secoli nei caffè turchi, al tipo di aggregazione sociale che promuoveva questa "nettarea bevanda" venne associandosi anche l'idea d'intrattenimento, di svago, di divertimento. Al Sadler's Wells di Londra dapprima fu costruito un piccolo palcoscenico per le esibizioni con attorno alcune panche, poi, pian piano, lo spazio dedicato ai cantastorie, agli imbonitori e agli "artisti" più vari si ingrandì e diventò un luogo separato dalla caffetteria. La stessa cosa avvenne a Parigi dove il primo caffè era sorto all'ombra del teatro della Comédie Française e quindi aveva già un nesso fisiologico con lo spettacolo: l'aroma, il sapore, le qualità stimolanti della bevanda, l'esotismo delle sue origini, catturarono l'immaginazione dei parigini e ammantarono questi luoghi di un'inconfondibile *allure*. L'Ottocento fu il secolo in cui questo tipo di locali ebbe il massimo successo: in essi ormai non si beveva quasi più caffè ma si cenava, si ascoltava musica, si assisteva all'esibizione di varie "attrazioni", anche piuttosto *osé*: come non ricordare l'atmosfera seducente dei *café-chantant*, e in particolare del Moulin Rouge, resa immortale dai manifesti di Toulouse-Lautrec?

Nel frattempo il cespuglio di caffè, in modi più o meno ufficiali, partendo dall'Europa, era stato piantato in altre parti del mondo: sul finire del Seicento gli Olandesi lo esportarono a Giava, in Indonesia (e il soprannome del caffè non fu più "moca" ma "moca-giava") e i Francesi nei Caraibi. Durante il Settecento era passato in Guyana, da lì in Brasile e, contemporaneamente, dalle colonie europee in Nordamerica, era sceso nei vasti territori di conquista del Sudamerica.

L'associazione caffè-schiavitù che aveva contraddistinto i primi passi del caffè nel mondo – i guerrieri Oromo etiopi, masticatori di caffè, fatti prigionieri e trasportati, assieme alla loro eccitante scoperta, nei mercati di schiavi di Harrar – assunse proporzioni immense in America del Sud: in duecento anni, tre milioni di africani vennero deportati nel Nuovo Mondo per lavorare nelle piantagioni dei vari signori e baroni, proprio per occuparsi, ironia della sorte, di una pianta rubata, come loro, all'Africa.

Caffettiera dona a noi pace
fa crescere i nostri bimbi
accresci la nostra ricchezza
salvaci dal male
donaci pioggia ed erba.

Il potere del caffè era da tempo passato nelle mani di altri, e questa preghiera che gli antichi africani recitavano suonava ormai come una presa in giro. Nei vergognosi secoli di schiavitù e sfruttamento qualcuno forse l'avrà ancora mormorata davanti a una povera tazza di "ambrosia", ma per alleviare le sofferenze e i torti subiti.

Il resto è quasi storia dei nostri giorni, fatta di catene mondiali di *coffeehouse*, di caffè idrosolubili, di distributori automatici di bevande, di tazzine svuotate in piedi di fretta dentro un bar.

Coffea arabica L.

2. Magico caffè

Se i tuoi occhi ti fanno male
dopo aver bevuto il caffè,
tira fuori il cucchiaino dalla tazza.
NORM CROSBY

L'arte di rivelare il futuro, altrimenti chiamata mantica (dal greco *mantiké techné*), è antica quanto l'uomo ed è nata dal bisogno di certezze che, nell'esperienza d'ogni giorno, eventi imprevisti e aleatori fanno vacillare, dalla necessità di ristabilire un ordine razionale sull'irrazionale che costantemente incombe. Per dirla con Cicerone, che nel *De divinatione* affronta in modo ampio quest'argomento, grazie a tale capacità "la natura di noi mortali si avvicinerebbe il più possibile alla potenza degli dèi"[8]. La parola divinazione deriva, infatti, dal latino *divinus* che significa appunto "ispirato dalla divinità".

I supporti attraverso i quali accedere a una simile disposizione sono tanti quanti i tipi di divinazione. Sempre Cicerone, nel primo capitolo dell'opera sopra citata, precisa che ci sono due tipi di divinazione, uno dato dall'osservazione e dall'interpretazione di segni *esteriori* (il volo degli uccelli, il comportamento dei rettili, l'osservazione delle interiora degli animali, del fuoco, dell'acqua, dei fenomeni meteorologici, degli astri, della mano e così via), forse più profano, mercuriale, e l'altro legato all'analisi intuitiva, *interiore* (oracoli, sogni, ecc.) e pertanto elevato, apollineo.

Tuttavia, all'interno delle cosiddette mantiche "esteriori", oggi qualcuno opera una distinzione tra arti divinatorie "maggiori", come l'astrologia, la cartomanzia, la chiromanzia, la cristallo-

[8] *Magnifica quaedam res et salutaris, si modo est ulla, quaque proxime ad deorum vim natura mortalis possit accedere* (I, 1).

manzia, la geomanzia[9], i tarocchi, l'*I:Ching*, e arti divinatorie "minori" che utilizzano altri supporti – dadi, ossicini, pagliuzze, monete, ecc. – ma che comunque si affidano al talento precognitivo del veggente.

Storicamente, quando da una società primitiva l'uomo è andato formando una comunità civile e organizzata, la divinazione ha assunto una funzione, diciamo pure, strumentale, diventando *scienza* dei segni, legittimando le decisioni pratiche della comunità ed è progredita di pari passo con le conquiste del pensiero razionale. Chi non ricorda l'importanza basilare che per i Greci e i Romani avevano gli oracoli e i vaticini? Nessuna decisione veniva presa senza aver prima immolato un animale e scrutato attentamente le sue viscere.

Tra le infinite mantiche legate appunto all'osservazione, cioè "esteriori", sopravvissute nei secoli agli attacchi continui del pensiero materialista e positivista – catoptromanzia, chirologia, podomanzia, cartomanzia, fisiognomia, nevologia, cubomanzia, licnomanzia, aeromanzia, numerologia, ecc. –, la caffeomanzia è forse la più semplice e la più popolare.

Già in epoca romana esisteva qualcosa di simile pur non essendo ancora stato scoperto il caffè: i fondi che si leggevano erano quelli che il vino, bevanda della quotidianità, lasciava nelle brocche, oppure si interpretavano le forme che comparivano sul fondo di un piatto dove era stato versato un miscuglio di liquido e farina (aleuromanzia), o anche si interpretavano i resti dei cibi.

Dall'Oriente, invece, per la precisione dalla Cina, si è sviluppata e diffusa dal XVI secolo una pratica divinatoria molto vicina alla caffeomanzia, che ha avuto in seguito fortuna tra i nomadi dell'Est europeo, gli Scozzesi, gli Irlandesi e in genere fra tutti i popoli grandi consumatori di tè: la *tasseografia* o *tasseomanzia* (dal francese *tasse*, "tazza"), la lettura cioè delle foglie del tè.

[9] Pratica divinatoria che risale alle antiche civiltà arabe, persiane e indiane, che consiste nel trarre aruspici dal lancio di oggetti, come grani, sassi, conchiglie, all'interno di disegni geometrici tracciati sul terreno (*gheos* in greco significa "terra").

Ma come mai la caffeomanzia ha avuto vasta diffusione ed ha soppiantato molte altre mantiche, resistendo per quattro secoli? Certo il motivo del suo successo è da ricercare nella gran semplicità del *modus operandi*, alla portata di tutti, nella facile reperibilità del supporto per la divinazione – il caffè – ma anche in un ciclico rinnovarsi dell'interesse nei confronti del trascendente, come, ad esempio, il recente ritorno ad una sensibilità più attenta ai valori spirituali e transpersonali attraverso il movimento New Age.

Tuttavia c'è di più.

Fin dalle origini, fin dalla sua scoperta in terra d'Africa, il caffè ha posseduto connotazioni magico-rituali e capacità aggregative, e lo dimostra il fatto che in Etiopia si è venuta codificando una vera e propria cerimonia per la preparazione e degustazione della bevanda che può durare anche un'ora; del resto anche in Cina esiste da secoli un accurato rituale per la preparazione di un'altra famosissima bevanda eccitante, il tè.

I grani verdi di caffè vengono tostati direttamente sul tavolo e fatti girare fra gli ospiti perché possano apprezzarne l'aroma: è un fatto domestico, intimo, tanto che gli Oromo per dire di non raccontare i fatti propri pubblicamente usano l'espressione "non tostare i tuoi grani di caffè sulla piazza del mercato". Si recita in seguito assieme ai convitati una preghiera-benedizione che inneggia all'amicizia, si macinano i chicchi in un mortaio di pietra e si fa bollire la polvere in tal modo ottenuta nell'acqua. In segno di amicizia gli ospiti ne dovranno bere tre tazze.

Un'altra celebrazione legata al caffè è l'arcaico *bun-qalle*, una sorta di sacrificio rituale della tribù etiope Garri-Oromo che rappresenta il primo caso in cui il caffè viene usato come sostanza magica per alterare lo stato mentale dei partecipanti. La sbucciatura delle bacche per estrarne il frutto a morsi simboleggia l'atto dell'uccidere; dopo la cottura dei chicchi nel burro e dopo che gli anziani avranno masticato l'impasto, con una benedizione il sacro burro viene spalmato sulla fronte dei presenti. La variante di questo rito con una connotazione maggiormente sessuale prevede sempre l'apertura a morsi dei frutti (l'associazione immediata tra la forma del chicco e l'organo sessuale femminile fa di questo gesto il simbolo del primo rapporto sessuale), la loro cottura nel burro, rimescolando il tutto con un bastone-pene, fino al loro spaccarsi con il calore. Il suono che in tal modo i chicchi producono viene paragonato al parlare e, non a caso, la preghiera che accompagna quest'operazione recita appunto:

Caffè apri la tua bocca
scoppia per portar pace
augurami pace
e allontana da me
lingue malvagie.

Lo scoppio dei chicchi simboleggia la nascita e il loro venire in seguito mangiati rappresenta la morte: così gli Oromo propiziano il rinnovarsi della vita, il procedere dell'esistenza.

Diversamente l'infusione vera e propria in acqua dei chicchi macinati, che determina il massimo rilascio dei poteri della pianta, è per gli Etiopi riservata ai soli riti oscuri, come il lancio di una maledizione, un esorcismo o guarigioni magiche.

I rituali d'esorcismo comprendono sempre la tostatura dei grani verdi e la masticazione, alle quali segue per contro l'infusione in acqua pura. Lo stregone della tribù, lo *sheykah*[10], si serve di questa bevanda per accrescere il proprio potere e per entrare in comunicazione con gli spiriti *zar* che si trovano nei chicchi di caffè. In uno stato di trance, dialogando con tali forze maligne e venendo a patti con loro, lo *sheykah* riesce a liberare il corpo dell'indemoniato.

La condizione estatica raggiungibile bevendo il nero infuso era ben nota anche ai sufi che lo usavano prima di iniziare le loro interminabili celebrazioni, servendolo in un bricco da cerimonia di color rosso – per i dervisci il colore simbolo dell'unione mi-

[10] La figura degli *sheykah* è a tal punto legata al caffè che sulla loro tomba si pianta un albero di caffè, e c'è una leggenda che fa derivare la nascita di questa pianta dalle lacrime del dio del cielo che caddero sul corpo di uno stregone morto.

stica con dio – e passandosi la tazza l'uno con l'altro (gesto classico dei riti d'inebriamento).

In America, secoli fa, poteri magici venivano attribuiti al caffè, considerato ingrediente indispensabile per pozioni e incantesimi. Ad esempio, per curare il raffreddore si prescriveva una bevanda preparata con caffè, whiskey, un pezzo di filo e qualche capello umano. Un'efficace e molto tradizionale pozione d'amore si faceva mescolando mezzo cucchiaino di zucchero, un cucchiaino di menta e un cucchiaino di buccia d'arancia grattugiata al caffè dell'amato o dell'amata; ma, se non si avevano questi ingredienti a disposizione, anche qualche goccia di mestruo o di urina aggiunta al caffè del mattino poteva svolgere la stessa funzione.

La vera e propria divinazione attraverso i fondi di caffè è probabilmente antica quanto la preparazione della bevanda con i chicchi macinati che, come abbiamo visto, già "parlavano" scoppiettando sul fuoco e aprivano agli stregoni porte verso alte dimensioni: l'uomo da sempre è stato attratto dalla possibilità di predire il corso degli eventi e ha cercato di raggiungere questa conoscenza superiore con qualunque cosa la natura gli offrisse.

Le prime notizie riguardanti la lettura dei fondi del caffè risalgono al periodo di massimo sviluppo dell'Impero Ottomano (anche se qualche testo parla della Mesopotamia come terra d'origine della caffeomanzia), quando la nera bevanda si diffuse in tutti gli strati sociali e si consolidò una vera e propria cerimonia intorno alla preparazione del caffè e al modo di servirlo, in parte mutuata dalla tradizione etiope sopraccitata. Offrire il caffè rappresentava una testimonianza d'amicizia, ed era buona abitudine che l'ospite leggesse ai propri invitati i fondi del caffè versati sul piatto. Alla dorata corte del sultano, per esempio, si doveva seguire un ferreo e complesso protocollo cerimoniale che coinvolgeva ben trenta persone, molte schiave e addirittura un ministro del caffè.

In Europa, verosimilmente, la divinazione attraverso i fondi di caffè potrebbe aver fatto la sua prima comparsa alla fine del Seicento, quando sacchi pieni di misteriosi chicchi verdi furono abbandonati alle porte di Vienna dall'esercito ottomano in ritirata. La spia austriaca Franz George Kolschitzky avrebbe potuto be-

Figura 3

nissimo scoprire, durante le sue incursioni nelle linee nemiche oltre il Danubio, quest'usanza degli "infedeli" legata al rito del caffè, dal momento che le sue missioni lo portarono a conoscere il modo di preparare con i chicchi la nera bevanda.

La leggenda racconta, infatti, che nella spartizione fra la truppa del bottino abbandonato dai Turchi che avevano tolto il lungo assedio a Vienna, Franz chiese per sé i sacchi di caffè che nessun altro all'infuori di lui conosceva e con questi aprì il primo locale per la degustazione della nuova e rivoluzionaria bevanda.

Oppure, sempre nello stesso secolo, i mercanti e i soldati del vicino Oriente che sbarcavano nell'attivissimo e babelico porto di Venezia potrebbero aver fatto conoscere la caffeomanzia.

In ogni caso, proprio sul finire del Seicento, il fiorentino Tomaso Tamponelli (o Tomponelli) – un mago, un dotto, un alchimista? – scrisse il primo fantomatico – a mio avviso – trattato intorno a quest'arte che, pertanto, doveva all'epoca essere già nota a molti e stava già circolando per le città italiane.

"*Questa scienza, se vuolsi prestar fede al pseudonimo Giovanni Trismegisto, ebbe origine in Italia, ove fioriva ai tempi del negromante fiorentino Tomponelli. Altri astrologhi, non meno degni di fiducia, affermano ch'essa fu scoperta verso la metà del XV secolo da un dervis arabo, e che si sparse rapidamente in Europa insieme all'uso del caffè. Nel 1645 penetrò in Francia; ma non fu se non nel 1669 che Soliman Agà ambasciatore di Maometto IV, insegnò alle signore di Parigi a prendere il caffè, ed a leggere nel suo fondo la sorte a lor riserbata nel futuro*"[11].

Di fatto, un documento sicuro che attesta la diffusione di questa pratica divinatoria è l'annuncio apparso nel luglio del 1726 sul *Dublin Weekly Journal*:

"*Con il presente si rende noto che è da poco arrivata in questa città la famosa Mrs Cherry, l'unica gentildonna esperta nella scienza occulta della lettura dei fondi del caffè, che ha ... per molto tempo praticata per la soddisfazione generale della sua clientela*

[11] AA.VV., *Le arti magiche*, Hermes Edizioni, Roma, 1985.

femminile ... Riceve, dopo le preghiere, alla chiesa di San Pietro fino all'ora di pranzo".

Questo pubblico avviso testimonia non solo la diffusione di tale pratica, ma anche la sua completa accettazione, anche in ambienti cattolici, da parte dei cittadini dublinesi. Del resto, si racconta, il "vino" dei musulmani era già stato approvato e benedetto, agli inizi del Seicento, da papa Clemente VIII, il quale, dopo averne bevuto un sorso, ebbe a dichiarare: "Quest'infuso del demonio è così delizioso che sarebbe un peccato lasciarne l'uso esclusivo agli infedeli. Inganneremo Satana e lo battezzeremo facendo diventare il suo liquore una bevanda cristiana".

Connotazioni magico-demoniache rimangono comunque legate alla lettura dei fondi di caffè, soprattutto nell'Italia del Settecento, dove per molto tempo si è creduto che le profezie erano opera di spiriti che dovevano essere evocati con la recitazione di particolari incantesimi. Per esempio, vecchie streghe e cartomanti, versando l'acqua nell'*ibrik*, erano solite borbottare: "*Aqua boraxit veniat caraios*"; poi, mescolando il caffè con il cucchiaio: "*Fixature et particam explinabit tornare*"; e infine, versando i fondi nel piatto: "*Max verticaline, pax fautas marobum, max destinatus, veida porol*". Un coacervo, quindi, di formule senza senso, di superstizioni, che alimentavano cupe atmosfere e facevano considerare quest'arte divinatoria alla stregua dei più neri malefici.

Nonostante i roghi che, come ben sappiamo, azzerarono tutto ciò che di diverso, di inspiegabile e contrario al senso comune accadde in quei secoli, la caffeomanzia si diffuse senza difficoltà nelle corti e nei salotti borghesi; poi, grazie alla sua semplicità, lentamente sostituì altre due mantiche molto in voga, basate su di un metodo simile ma operanti su materiali differenti: la *ceromanzia* e la *molibdomanzia*. La prima, diffusa nel Cinquecento per opera dei Turchi, si fondava sulla lettura delle figure che la cera calda formava quando veniva fatta colare in un bacile d'acqua (nel XIX secolo, le donne di Angeres con tale metodo prevedevano la professione del loro futuro marito); la seconda, invece, le cui prime tracce si trovano in Russia, si basava sull'interpretazione delle ombre cinesi proiettate da masse di piombo fuso fatte raffreddare precedentemente nell'acqua.

Si può affermare che nell'Ottocento la caffeomanzia raggiunse il suo apice.

In epoca vittoriana ed edoardiana è frequentissima all'interno dei salotti inglesi e lo provano numerosi dagherrotipi raffiguranti signore in corsetto e ampie gonne, intente, assieme alle amiche, sopra un bianco piattino.

Esistono complete serie di fotografie per lo stereoscopio[12], la "televisione" dei primi anni del Novecento, dedicate a scene domestiche in cui si vedono donne eleganti, davanti a panneggi orientaleggianti e palme, che siedono attorno ad un tavolino, rigirando fra le mani e scrutando le loro tazzine.

Il medesimo soggetto non manca nelle cartoline d'auguri o in quelle pubblicitarie (Figura 4) legate a determinati prodotti come cereali, caffè, tè, ecc., accompagnato anche da messaggi che augurano fortuna o da sintetiche spiegazioni del significato che hanno i simboli più frequenti all'interno della tazza (ad esempio: un quadrifoglio vuol dire buona fortuna, una stella, vita lunga e felice).

La caffeomanzia diventa per molti un gesto comune, non più appannaggio di pochi specialisti, un diversivo per nulla futile o da baraccone in quella società borghese progressista che già dalla seconda metà dell'Ottocento si stava interessando allo Spiritualismo, alla teosofia e alle filosofie orientali. Ma la cosa che più colpisce, leggendo le cronache e osservando le foto d'epoca, è che le persone dedite a questo tipo di divinazione erano principalmente donne. Le donne, di fatto, iniziavano allora ad acquistare maggior consapevolezza del loro ruolo, a rivendicare i propri inalienabili diritti, a parlare alla coscienza e alla sensibilità degli uomini. La fondatrice della Teosofia, che predicava l'unione di *tutta* l'umanità e ricercava il perfezionamento spirituale attraverso la comprensione delle autentiche leggi naturali e umane, non fu

[12] Inventato da C. Wheatstone, lo stereoscopio era un dispositivo ottico, costituito da due macchine fotografiche montate vicine su un unico supporto, che consentiva di scattare nello stesso tempo due fotografie. Le due immagini, visionate contemporaneamente tramite un particolare binocolo, davano l'illusione di una visione tridimensionale.

Good Fortunes
as told by Tea
or Coffee Grounds.
Leaf of Clover
Good
Luck
Good Fortunes
as told by Tea
or Coffee Grounds.
Star
Long and
Happy Life

Figura 4

Elena P. Blavatsky, una donna? La sua erede non fu l'inglese Annie Besant, un'altra signora? Ed Eusapia Paladino, la più grande medium dell'Ottocento? E poi le medium inglesi Florence Cook, Eizabeth D'Espérance, Rosemary Brown (Novecento), le sorelle Margaret e Kate Fox, madrine dello spiritismo moderno. E che dire della scrittrice francese, studiosa di religioni orientali Alexandra David-Neel?

In molti paesi, come in Bosnia, la caffeomanzia diventa parte di un rito sociale sacro, rappresenta per la comunità un momento di rilassamento, di comunicazione e di ricongiungimento con l'Unità Superiore per procedere in avanti, verso una vita migliore, più consapevole.

In Italia, invece, dopo un suo ritorno in auge verso la metà del secolo scorso, rimane solamente un passatempo, gradevole, un tantino esotico ed eccentrico, che oggi rischia però di scomparire. Alcuni ne imputano la causa all'invenzione commerciale dell'espresso e dei vari prodotti solubili che hanno trasformato questa bevanda in uno dei tanti prodotti da consumare in fretta. In questa tesi c'è una parte di verità: la sempre maggiore frenesia quotidiana alla quale siamo portati rende impossibile qualsiasi esperienza profonda e intima, difficili i momenti di pacata riflessione e ascolto di sé.

Inoltre la caffeomanzia non può prescindere da un rapporto diretto tra consultante e veggente e quindi non può, come la cartomanzia o l'astrologia, diffondersi – nel bene e nel male – attraverso il telefono, la televisione o internet, sempre che a qualcuno non venga in mente un giorno di rovesciare la tazza sopra uno scanner per trasmettere in rete le figure create dai fondi di caffè.

Queste peculiarità che costituiscono i limiti di tale arte potrebbero però diventare le ragioni della sua sopravvivenza, e la caffeomanzia rappresentare ciò che ogni persona intenzionata a ritrovare un'attenta percezione del proprio Io – al di là dell'umana chimera di impadronirsi del proprio futuro – ricerca con piacere.

CAFFÈ E SPIRITISMO

Gli spiriti che tornano sulla terra potrebbero desiderare un caffè? Perché no. In fondo ciò che uno ha fatto con piacere quand'era in vita lo potrà continuare anche nell'aldilà. Nelle *Lettere dalla terra* di Mark Twain (1906), Lucifero ironizza sul fatto che l'uomo ha concepito un paradiso che contenga tutte cose che non gli piacciono: cantare, suonare l'arpa, ecc.: "Questo paradiso è come lui: strano, interessante, sorprendente, grottesco e, vi do la mia parola, non c'è una sola cosa in esso che lui stimi. È costituito, in tutto e per tutto, da una serie di passatempi che qui sulla terra egli considera meno che niente, ma che è sicuro gli piaceranno in cielo. Non è buffo?".

Nient'affatto. L'aldilà che ci aspetta avrà tutte le cose che ci danno godimento e in abbondanza. Tuttavia per molti, se venisse a mancare una buona tazza di caffè, sarebbe incompleto. Questa testimonianza lo conferma.

"Una notte, dopo che mio marito morì, sedevo da sola in casa, quando ad un certo punto sento bussare alla porta. Grido: 'È aperto'. La porta si apre e vedo il mio vecchio marito vestito degli abiti con i quali era stato sepolto, ma con una bella cera. Viene verso di me e si siede su di una seggiola. Mi guarda e mi chiede di preparargli un caffè. Dice solo questo. Io rimango pietrificata e non mi muovo, ma lui m'invita nuovamente ad andare a fargli il caffè. Vado in cucina ad accendere il fuoco, mi volto e lui è già scomparso".

La donna terrorizzata il giorno dopo fuggì da quella casa non sapendo che una pratica, molto comune in Georgia, le avrebbe permesso di prevenire il ritorno dei fantasmi nei luoghi frequentati in vita semplicemente ponendo, sotto l'abitazione della persona scomparsa, del pane e... del caffè.

Edgar Cayce, il più grande sensitivo del Novecento, in una delle "letture" a lui trasmesse da entità superiori, prescrive i fondi di caffè contro i piedi doloranti[13]:

"Quanto alle gambe, ogni sera, o almeno, tre sere su quattro, immergete i piedi e le gambe fino al ginocchio in un fluido ottenuto bollendo vecchi fondi di caffè. Quello che aiuta è l'acido tannico contenuto in essi, e che può essere ottenuto nel miglior modo appunto bollendo i fondi, purché non siano inaciditi ..." (243-33).

Altrove, così si esprime:

"Se prendete caffè, non prendete latte con esso. È difficile da digerire" (5097-1).

"Il tè è più dannoso del caffè" (303-2).

"Il caffè, preso in modo opportuno, è un *cibo*, ossia senza panna né latte" (303-2).

Quest'ultima frase richiama un aneddoto avvenuto in Svezia nel Settecento. Il sovrano Gustavo III, per dirimere un diverbio sulla superiorità del caffè sul tè, ordinò che due gemelli condannati a morte fossero invece rinchiusi in carcere e alimentati uno solo con caffè, l'altro soltanto con tè: quello che fosse vissuto più a lungo avrebbe sancito la superiorità di una delle due bevande.

Su quest'esperimento si scatenarono le scommesse di tutti i cittadini di Stoccolma; paradossalmente, però, essi assistettero alla morte non solo degli scommettitori ma anche dei loro giudici, dei loro medici e dello stesso Re: il gemello del tè morì cinquant'anni dopo l'esperimento, a 83 anni, ma di vecchiaia; quello del caffè, invece, se ne andò quasi centenario.

[13] Reilly H.J. - Brody R.H., *Il manuale della salute di Edgar Cayce*, Edizioni Mediterranee, Roma, 1988.

3. Preliminari

Vita chiama vita.
Energia crea energia.
Solo chi dona se stesso
si arricchisce.
SARAH BERNHARDT

Prima di intraprendere qualsiasi rito magico, e quindi anche prima di una lettura dei fondi del caffè, sarebbe bene eseguire delle semplici operazioni per ben disporsi, con animo diverso e libero dalle "contaminazioni" della vita quotidiana, ad un sereno dialogo con i piani superiori dell'essere. Sarà necessario purificare se stessi e lo spazio in cui si andrà ad operare, creare un rispettoso contatto con le forze divine che aiuteranno a guardare nel futuro, sviluppare e accrescere l'energia. Vediamo con ordine come.

PURIFICAZIONE

Il corpo è il nostro primo tempio; pertanto prima di prenderci cura dello spazio rituale dove agiremo, dobbiamo dedicarci a noi stessi, al nostro "tempio in carne e ossa". Allo stesso modo anche la mente che deve essere pronta a raccogliere i segnali, i bagliori di una conoscenza superiore, va preparata e disposta in atteggiamento aperto e ricettivo.

Il modo più efficace per ottenere questo duplice scopo è fare un bagno purificatore. Basterà immergersi in una vasca dove avremo disciolto una manciata di sale, da sempre considerato un elemento purificante. Una musica in sottofondo e alcune candele accese possono contribuire a creare un'atmosfera serena e contemporaneamente ricca d'energia.

Mentre siete distesi nella vasca potete massaggiarvi con un po' di sale nel palmo della mano compiendo dei movimenti circolari in senso orario e immaginando di lavare via ansie, paure, nervosismi e ogni sorta d'impurità della mente e del corpo. Se avete ferite o abrasioni una simile pratica è vivamente sconsigliata perché invece di darvi sensazioni piacevoli e rilassanti questo bagno diventerebbe dolorosamente intollerabile.

Trattandosi di un rituale di purificazione che precede la caffeomanzia potete aggiungere del caffè all'acqua del bagno tanto per gustarne gli effluvi stimolanti, oppure sorseggiarne una tazza, calda o fredda, secondo i gusti, mentre siete immersi nella vasca.

SPAZIO PER IL RITUALE

Non tutti possono permettersi nella propria abitazione uno spazio appositamente dedicato ai riti magici, ma con pochi semplici accorgimenti ognuno può trasformare una zona qualunque della casa in un luogo sacro adatto, in questo caso, alla divinazione.

La prima cosa da fare è pulire con cura e riordinare lo spazio: è il modo migliore di rispettare una pratica magica, di dimostrare serietà d'intenti e anche di pulire metaforicamente la mente.

Una volta messo tutto in ordine, approntate un piccolo altare utilizzando un tavolino o qualsiasi altro oggetto che consenta di creare uno spazio rialzato; copritelo con un tessuto o un drappo che nei materiali e nei colori soddisfi il vostro gusto personale. Illuminate quest'altarino con una o più candele (nel caso vogliate spegnere le altre luci di casa), assicurandole su di una solida base per evitare che si rovescino. Posizionate con cura i materiali necessari alla preparazione del caffè (fornello, *ibrik*, polvere, zucchero, cucchiaini, tazze, ecc.), una ciotola di sale e un'eventuale effige della divinità che sentite a voi più vicina o pensiate sia adatta al rito divinatorio. Ad esempio Ebe[14], la coppiera

[14] Figlia di Zeus e di Era è spesso nominata da Esiodo e da Omero. Una bel-

degli dèi che sull'Olimpo serviva loro i calici d'ambrosia, potrebbe essere una dea adatta. A lei, tra l'altro, si riferisce un poeta arabo del 1500 in un'opera dedicata al caffè:

È un vino cui nessun dolor resiste
Quando la coppiera nella tazza lo porge ...
È la bevanda del figlio di dio
È la fonte della salute
È la corrente in cui laviamo le nostre pene.

Prima d'iniziare a preparare il caffè rimanete per un momento seduti in silenzio, le candele accese, cercando di annullare ogni pensiero e concentratevi su di voi e su quello che andrete a compiere. Poi alzatevi in piedi e iniziate a tracciare con una manciata di sale un cerchio[15] intorno al vostro spazio camminando in senso orario: così facendo preserverete il luogo della divinazione da influenze indesiderate ed eviterete dispersioni d'energia (Figura 5).

INVOCAZIONE DELLA DIVINITÀ

Se credete in un particolare dio o in una dea, o avete un vostro pantheon, o anche solamente siete persuasi che c'è una sacralità in tutto ciò che vive sulla terra, potete chiedere un aiuto divino per raggiungere quel livello superiore di consapevolezza che è alla base d'ogni pratica divinatoria. È importante riconoscere che l'evoluzione del Sé e l'ottenimento di determinati poteri di-

lissima statua in marmo bianco di Antonio Canova (1816) la raffigura proprio nell'atto di offrire una coppa.

[15] Il cerchio è un simbolo importantissimo nell'arte magica poiché rappresenta l'*eternità* – l'inizio e la fine, l'alpha e l'omega sono uniti –, il ciclico ripetersi di tutti i fenomeni legati alla natura, quindi la *continuità*, e la *protezione* dalle energie evocate. Non si deve mai scavalcare un cerchio, altrimenti il suo potere protettivo risulterà annullato; se si vuole entravi dopo averlo tracciato, bisognerà non congiungere i suoi estremi e, solo una volta al suo interno, completare la circonferenza.

Figura 5

pendono da forze più grandi di noi, e pertanto è giusto onorare e rispettare tali forze.

Per invitare un'entità superiore nel vostro spazio potete pregarla in silenzio oppure ad alta voce, o recitare una poesia che per voi ha un significato particolare, oppure anche semplicemente ripetere: "T'invoco in questo cerchio, potenza divina superiore, e ti ringrazio della tua presenza".

Se siete convinti che in ogni manifestazione della natura ci sia l'impronta di qualcosa d'elevato, sicuramente percepirete l'aura sacra e misteriosa che aleggia intorno al caffè, le cui origini, secondo alcune tradizioni, come abbiamo visto, sono divine e per altre demoniache. Ricordate la storiella della capra[16] e del cespuglio?

Concentrazione dell'energia

Una volta che avrete "sacralizzato" lo spazio per la divinazione, dovrete condensare l'energia necessaria al vostro intento. Ogni cosa che v'ispira e vi dà un certo trasporto può andare bene: danzare, cantare, suonare le percussioni, recitare dei *mantra*[17] o i versi di una poesia.

Vi accorgerete che nell'aria si sarà raccolta una sorta di tensione, di vibrazione, come quando si sta per aprire un sipario su di uno spettacolo, o negli attimi di silenzio sospeso dopo che l'ultima nota di un concerto è stata eseguita, o durante una sentita celebrazione religiosa o una commemorazione.

[16] I cristiani hanno da sempre visto quest'animale come personificazione del peccato e del male; infatti, in Matteo 25,31-33 si parla del giorno del giudizio durante il quale il Figlio dell'uomo separerà i giusti dai malvagi come il pastore separa nel gregge le pecore dalle capre. In seguito, nell'iconografia medioevale questa bestia è divenuta definitivamente il simbolo del demonio.

[17] Parole o formule che nello yoga sono usate per la concentrazione o la meditazione; ripetendole costantemente ci s'impregna del loro significato fintantoché esso diventa parte della coscienza. Il *mantra* più noto è l'OM, la vibrazione sacra, la radice di tutto.

Vae oracula! (Guai agli oracoli!)

Platone, nel *Simposio*, aveva definito la divinazione come "... un prezioso dono divino concesso agli uomini ...". Di parere contrario sono invece i ferventi cattolici che invitano a fuggire ogni forma di magia, divinazione compresa, come opera del diavolo. È inconcepibile che si possa conoscere il disegno stabilito da Dio per noi, prevederlo, anticiparlo; è una presunzione irrispettosa e dannosa quella di porsi alle stregua dell'Altissimo, è mettere in discussione la figura stessa di Dio. Un passo dell'Antico Testamento è fin troppo esplicito al riguardo:

"Non si trovi in mezzo a te chi immola, facendoli passare per il fuoco, il suo figlio o la sua figlia, né chi esercita la divinazione o il sortilegio o l'augurio o la magia; né chi faccia incantesimi, né chi consulti gli spiriti o gli indovini, né chi interroghi i morti, perché chiunque fa queste cose è in abominio al Signore" (Dt 18,10-12).

Molto chiare sono le posizioni specificatamente alla caffeomanzia apparse in rete su un sito cattolico:

"Anche il cercare di leggere la tazza di caffè (caffeomanzia) è una forma di divinazione che dovete fuggire e riprovare. Sappiate che essa è un'opera del diavolo; nel fondo di una tazza di caffè non si può proprio leggere nulla a riguardo della vita vostra. Coloro che pretendono leggervi il vostro futuro, sono dei ministri di Satana. Se cercano di farlo nei vostri confronti ditegli che voi non credete alle loro menzogne".

Siete avvisati...

Al termine della vostra sessione di lavoro, dopo aver ringraziato la/le divinità per l'aiuto concessovi, dovrete scaricare a terra l'energia superflua rimasta. Fate in questo modo: sedetevi a terra, rilassati e calmi, appoggiate le palme delle mani sul pavimento e immaginate l'energia in eccesso ritornare alla terra, pronta per essere richiamata di nuovo in caso di bisogno.

Adesso potete aprire il cerchio sacro e rimettere con cura in ordine i materiali utilizzati per il rito di divinazione.

4. Preparazione

Domenico: Bravo, è una schifezza. L'ha fatto male.
Nun l'ha saputo fa'...
Alfredo: Don Dummi', nun l'ha saputo maie fa'!
Domenico: Ma io ricorro in tribunale, in appello,
'a corte suprema!
Alfredo: Don Dummi', p'ammor' 'a Madonna!
Pe' nu surzo 'e cafè?
EDUARDO DE FILIPPO, *Filumena Marturano*, atto II

La lettura dei fondi del caffè si basa sul metodo turco di preparazione del caffè, altrimenti detto da altre culture greco, egiziano o russo; non è pertanto possibile praticare la caffeomanzia con il caffè "alla napoletana", con quello fatto con la classica "moca", né tantomeno con l'"espresso" o con i caffè idrosolubili. Certo, si può predire il futuro anche osservando la schiuma di un cappuccino o lo spostarsi delle bollicine sulla superficie del liquido (se si avvicinano a voi del denaro è in arrivo, se invece si allontanano preannunciano guai) o in molti altri modi che esulano però dalla caffeomanzia vera e propria.

Prima di tutto dovete procurarvi un *ibrik*, un particolare recipiente di metallo, simile a una brocca, che si restringe verso l'alto, dotato di un lungo manico (Figura 6): in pratica è quell'oggetto che da noi italiani è stato chiamato "bricco" e viene utilizzato per scopi diversi dalla preparazione del caffè, come per esempio scaldare il latte, ecc. Deve in ogni caso essere fatto di un metallo che resista al fuoco, anche se in origine era posto non sul fornello ma nella rovente sabbia del deserto. Alcune tradizioni orientali ne usano un tipo fatto di rame che è chiamato *jeesvee*.

I preparativi sono molto semplici ma creano un rituale elegante e meditativo paragonabile, nel suo significato, alla cerimonia ci-

Figura 6

nese del tè. Si può dire che la divinazione inizi già da questo punto, da una tranquilla e seria disposizione all'ascolto del proprio subconscio: attraverso il silenzioso dialogo con la parte nascosta di noi potremo anche connetterci con tutto ciò che ci circonda, compresa la persona che ci sta di fronte, desiderosa quanto noi di sapere qualcosa sul futuro. Come isole negli oceani, apparentemente separate ma collegate in profondità le une alle altre, persone, cose, fenomeni possiedono dei legami nascosti, rispondono a una logica anche se apparentemente non sembrano esserci leggi che governino il caos dell'esistere. Già Leibniz aveva ipotizzato un'*harmonia praestabilita* per spiegare il misterioso collegamento tra due o più eventi non in rapporto di causalità, mentre Carl Gustav Jung aveva chiamato questo legame significativo *sincronicità*: oggi su considerazioni simili si basa la nuova teoria della fisica moderna detta Teoria del Caos, secondo la quale la materia, apparentemente disordinata, ha un proprio ordine, un'armonia regolata da precise leggi matematiche[18]. Se non rimaniamo ancorati ai classici e vecchi metodi di studio del mondo fenomenico ciò che fino ad oggi ci era sembrato imprevedibile e casuale può rivelare nessi sottili che non avremmo mai immaginato.

Ma torniamo al nostro caffè alla turca.

Caffè alla turca

1 cucchiaio di caffè (macinato molto finemente come fosse una polvere) a persona

1 cucchiaio di zucchero a persona

1 tazza d'acqua a persona

polvere di cardamomo (secondo i gusti)

[18] Nello studio matematico dei sistemi auto-similari e caotici – intendendo per caos la natura dei sistemi macroscopici complessi nei quali sono state scoperte delle regolarità – grande importanza hanno avuto le teorie sui frattali introdotte da B. Mandelbrot nel 1967 e in seguito formalizzate nel 1975.

Miscelate metà quantità d'acqua con metà dose di zucchero (per esempio, se siete in quattro, due tazze d'acqua con due cucchiai di zucchero) e mettete a bollire in un pentolino. Quando quest'acqua giunge a bollore versatene metà in un *ibrik*, dove avrete messo il caffè macinato (e se vi piace anche il cardamomo o altra spezia), e mescolate con cura. Ponete ora l'*ibrik* sul fuoco e dopo una nuova ebollizione aggiungete l'altra parte di acqua e zucchero. Togliete quindi dalla fonte di calore per un po' e per la terza volta fate bollire. Servite quindi immediatamente facendo raffreddare la bevanda leggermente e depositare la polvere di caffè sul fondo della tazza.

Questo rito è stato narrato molto poeticamente da Guillaume Massieu nel 1718 in un componimento di cui citiamo un estratto[19].

Non manchi l'acconcia tazza per sorbir la bevanda,
e un recipiente, in cima stretto e da coperchio chiuso,
il cui corpo si modelli in oblunga guisa.
Quando queste cose ti sarai procurato
curati di ben arrostire i chicchi
e di macinarli dipoi tostati.
Né mai cessi il pestello di sminuzzare
pria ch'essi perdano lor durezza
e completamente siano macinati
in fine polvere che immantinente stiperai
in sacca o scatola all'uopo fabbricata.
Avvolgila in pelle per tema
di strette fessure e recondite aperture.
Ciò per prevenire che segretamente
piccole parti e quanto di valevole esiste
e l'intera forza non fugga disperdendosi per l'aere.
Vi è pure una macchina cava, in guisa di torre,
chiamata macina, nella quale puoi frantumare
l'utile frutto tostato e romperlo infinite fiate.

[19] Guillaume Massieu (1665-1722), *Caffoeum carmen*, in *Poetarum ex Academia Gallica, qui latine aut graece scripserunt Carmina*, Parigi, 1738, in-12.

Un girevole perno centrale, al facile girar di una rota,
intreccia le sue parti metalliche sopra un cigolante fusto.
Sulla cima sta infilata un'eburnea manovella
che girata con la mano in cento rivoluzioni
cento volte muove il perno.
Se un chicco vi poni dentro, e la maniglia giri,
senza indugi, con lesto moto,
stupirai come l'ingranaggio crepitante
lo riduca presto in polvere
con gran frantumamento.
Finché il comparto sottostante riceva nel gentil petto
i grani triturati che nel profondo della scatola
son collocati.

Ma perché su tali argomenti ci siamo attardati?
Cose più grandi ci vocano. È tempo di distillare
la cara bevanda, quando la prima luce del mattino
compare e lo stomaco vuoto cibo domanda;
o quando, dopo un magnifico banchetto
lo stomaco sovraccarico soffre per il troppo peso,
e non all'altezza del compito
cerca di sbarazzarsi dell'interno calore.
Indi, quando il crogiolo sul fuoco sarà rubicondo
scoppiettando di sotto, e vedrai crescere il liquido,
commisto a polvere di caffè, con bolle attorno all'orlo,
levalo dal fuoco. Se ciò non farai, la forza dell'acqua
gli argini romperà fuoriuscendo, e sulla fiamma di sotto
la bevanda si spargerà.
Perciò non fare che tali accidenti turbino i tuoi piaceri.
Osserva con attenzione acciocché l'acqua non
si trattenga troppo e soverchiamente non ribolla;
rimetti tre o quattro volte il vaso sul fuoco,
finché la polvere di caffè sia fumante
e si mescoli pienamente con l'acqua circostante.

Questa bevanda deliziosa con abilità dev'essere bollita,
con arte bevuta – non alla maniera con cui gli uomini

altre bevande trangugiano – e con senno; perciò
quando dal vivace fuoco fumante la leverai
e lentamente i residui sul fondo si saranno posati,
impaziente non berla in un sol colpo
ma piuttosto poco a poco, e tra un sorso e l'altro
godi di tali piacevoli indugi; oppure a gran sorsi
finché calda il palato bruci.
Questo è il modo migliore per farla giungere
dentro le ossa e penetrare al centro
degli organi vitali e del midollo
pervadendo tutto il corpo con la sua vivificante forza.
Sovente anche al solo inalarne l'aroma
gli uomini l'han riconosciuta, ribollente dal fondo,
come brezza rinfrescante.
Quanto piacere ci può essere in un delizioso odore!

Immortalato dai film western, il caffè preparato dai cowboy, dai soldati della Guerra Civile americana e dai pionieri è diventato la bevanda classica degli uomini duri; la sua leggendaria densità aveva fatto nascere il soprannome di "caffè rivoltella", perché poteva dirsi ben fatto solo quando una rivoltella gettata nel tegame non vi affondava. Vediamone la ricetta.

Caffè del cowboy

400-800 g di caffè
acqua
una rivoltella (o un ferro di cavallo)

Mescolate alla polvere di caffè acqua sufficiente a renderla una poltiglia bagnata; fate bollire il tutto per due ore. Prima di servire il "caffè", per capire se è pronto, buttatevi dentro un ferro di cavallo o una rivoltella: se sprofonda dovrà cuocere ancora prima di raggiungere la giusta densità!

Assolutamente non aggiungete latte.

Caffè della cowgirl

3 cucchiai colmi di caffè per ogni tazza d'acqua
acqua
cannella abbondante

Mescolate la polvere di caffè, l'acqua e la cannella in un pentolino e ponetelo su di una fiamma di media intensità. Quando il miscuglio bolle e diventa molto nero, stemperatelo con una tazza d'acqua fredda (una ogni due di caffè caldo).

E proseguendo con ricette tra il serio e il faceto, ecco alcuni modi di servire il caffè per gustarlo anche senza fini propriamente divinatori.

Caffè reale

½ litro di caffè forte
8 cucchiai colmi di zucchero
1 tazza di cognac

Zuccherate il caffè e versatelo in quattro tazze. Aggiungete in ogni tazza una piccola quantità di cognac caldo, mescendolo lentamente; fate infiammare il cognac e servite immediatamente, mescolando un po'.

Caffè alla creola

½ litro di caffè
4 cucchiai colmi di zucchero
1 tazza di rum
200 g di panna montata dolce

Zuccherate il caffè e versatelo nelle tazze. Aggiungete in ogni tazza un po' di rum e poi riempitele fino all'orlo di panna. Servite all'istante.

Cioccocaffè

2 tazze e ½ di cioccolato caldo fatto con il latte
1 tazza di caffè forte
¼ di tazza di cognac
zucchero a piacere
½ tazza di panna montata

Unite il cioccolato, il caffè e il cognac, aggiungete in seguito lo zucchero e mescolate il tutto. Servite in tazze calde e guarnite con la panna montata.

Caffè batida

1 dose di brandy di buona qualità
1 cucchiaio colmo di zucchero
½ tazza di caffè forte
cubetti di ghiaccio a piacere

Miscelate tutti gli ingredienti in uno shaker e servite subito.

Schiuma di caffè

½ litro di caffè freddo
½ chilo di gelato di vaniglia (oppure crema o cioccolato)
1 cucchiaio di Bitter Angostura

Montate tutti gli ingredienti fino a ottenere una bevanda omogenea e schiumosa. Servite in bicchieri ghiacciati.

CAFFÈ SPEZIATO

3 tazze e ½ di caffè molto forte e caldo
2 bastoncini piccoli di cannella
4 chiodi di garofano
½ tazza di latte
ghiaccio tritato a piacere

Mescolate le spezie al caffè e lasciate riposare un'ora. Filtrate il caffè e versatelo in quattro tazze dove avrete messo il latte e il ghiaccio. Zuccherate separatamente.

ICEBERG CAFFÈ

1 tazza di ghiaccio tritato per persona
1 parte di caffè concentrato
2 parti di latte
2 cucchiai di caffè macinato finemente (oppure di vaniglia in polvere)
panna montata a piacere

Versate il caffè concentrato e il latte nella tazza di ghiaccio e mescolate; aggiungete la polvere di caffè (o di vaniglia) e ricoprite con panna montata. Servite freddissimo.

5. Metodi

E allora, che venga! Che ti prenda per il braccio
e agiti lo zucchero nella tua tazza di caffè,
e lo assaggi per vedere se scotta.
FEDERICO GARCÌA LORCA, *Donna Rosita nubile*, atto II

In questo capitolo troverete dieci differenti metodi per la divinazione mediante i fondi del caffè: tutti possono essere giusti ed egualmente sbagliati allo stesso tempo. Provateli e sceglierete quello che maggiormente *sentite* adatto a voi, alla vostra personalità, poiché solo in questo modo potrete penetrare senza difficoltà nei recessi più intimi dell'anima e cercare di guardare intuitivamente oltre il presente.

In ogni caso, è di fondamentale importanza scegliere il tipo di metodo *prima* di iniziare la divinazione.

METODO DELL'ANNO CHE VERRÀ

Analogamente alla lettura delle foglie del tè (la *tassomanzia* o *tasseografia*), si procede utilizzando il deposito di caffè macinato rimasto nella tazza. Se siete in un bar dove non servono caffè alla turca potete ordinare un cappuccino e procedere ugualmente alla lettura dei residui di schiuma di latte. L'importante è che la tazza non sia troppo alta e che pertanto si possa guardare agevolmente dai bordi fino al fondo. Alcuni consigliano di utilizzare solamente porcellana bianca; tuttavia esistono in commercio anche tazze realizzate espressamente per questo tipo di divinazione che possono recare al loro interno decorazioni con simboli di vario genere. Non sono comunque indispensabili.

La persona che richiede l'oracolo, mentre beve il caffè e specialmente quando sta per finire la bevanda, si deve concentrare

Figura 7

sui fatti che sono accaduti di recente nella propria vita: in tal modo trasferirà la propria energia ai fondi, che fungeranno da recettori e conduttori di energia metapsichica. Chi legge la tazza deve, dal canto suo, trovarsi in uno stato di completo rilassamento che apra la via verso la grand'energia intuitiva nascosta in ciascuno di noi; inoltre, è molto importante osservare e prendere mentalmente nota del modo con cui la persona che ci siede di fronte beve il caffè – che gesti compie, quale postura assume, con che velocità sorbisce la bevanda – senza però darne una prematura interpretazione.

Quando è rimasta nel fondo della tazza una piccolissima quantità di liquido, il consultante smette di bere e fa roteare gentilmente il liquido per tre volte in senso orario, onde evitare che la polvere scura rimanga sulle pareti. Porge quindi la tazza al veggente che la riceve nella mano sinistra e sgocciola fuori l'acqua in eccesso facendola scorrere lentamente e con cura (Figura 7).

Generalmente si usa la mano sinistra perché è quella vicina al cuore e perché il lato sinistro del corpo dipende dall'emisfero destro del cervello, quello che controlla, tra le altre, l'abilità creativa. La creatività, intesa come capacità di strutturare le proprie esperienze e conoscenze e di cogliere nuovi rapporti tra le cose operando sintesi non convenzionali, è una delle caratteristiche principali di un valido "caffeomante".

A questo punto si copre l'imboccatura della tazza con il piattino (Figura 8) e velocemente si capovolge il tutto in modo che la tazza sia rovesciata sul piattino (Figura 9). Il veggente vi pone sopra entrambe le mani e ve le tiene concentrandosi, aspettando che l'energia dalla tazza fluisca alla propria psiche. Mentre compie ciò, gira lentamente in senso orario la tazza per tre volte. Quando il divinante sente di aver assorbito l'energia dai fondi di caffè, capovolge nuovamente la tazza, sempre con la sinistra, e la tiene in mano per studiare la disposizione che hanno assunto i fondi di caffè. Il manico dovrà essere orientato a destra per questioni inerenti a sviluppi, risultati futuri e speranze, a sinistra per situazioni stagnanti, perdite e pensieri negativi.

La tazza va divisa idealmente come una torta in dodici spicchi uguali partendo dal manico (Figura 10): le dodici "fette"

Figura 8

Figura 9

rappresenteranno i dodici mesi dell'anno a venire, mentre il manico simboleggerà il presente. Leggendo in senso orario, da destra verso sinistra, il primo spicchio dopo il manico sarà il mese immediatamente successivo a quello della divinazione, mentre l'ultimo, a destra del manico, conterrà indicazioni relative a ciò che accadrà dopo dodici mesi.

Il veggente traccerà poi sulle pareti interne della tazza una linea circolare immaginaria che determinerà due differenti zone (Figura 11): la porzione superiore rappresenterà l'inizio del mese, quella inferiore la metà, e il fondo della tazza la fine. Simboli grandi, neri e ben formati significheranno importanti eventi che senza alcun dubbio accadranno; piccoli e ben delineati situazioni di scarsa importanza, mentre quelli pallidi e indefiniti eventi che potrebbero o non potrebbero capitare, speranze o paure inerenti al concretizzarsi di certe circostanze.

Non tutti i veggenti sono d'accordo sulla divisione in dodici spicchi della tazza per predire gli eventi dell'anno futuro, come pure ci sono due differenti scuole di pensiero sull'ulteriore frazionamento della tazza – dai bordi al fondo – in inizio, metà e fine mese. Alcuni non lo fanno perché ritengono che il caffè che giace sul fondo rappresenti solamente eventi che accadranno con certezza, indipendentemente dal fatto che il simbolo sia molto o poco definito: preferiscono quindi interpretare i simboli che si trovano ai bordi della tazza come speranze, desideri e sogni del consultante. È consigliabile combinare le due varianti sopraccitate. Conoscere i desideri, le speranze e le paure del consultante è essenziale per una lettura approfondita, ma è anche di grande aiuto dividere il mese in inizio, metà e fine, soprattutto quando si deve conoscere un lasso di tempo ben definito.

Metodo della settimana che verrà

Se ci troviamo di fronte ad una persona che non si è sottoposta spesso ad una lettura dei fondi di caffè o è la prima volta che si rivolge ad un veggente, si dovrebbe usare il "metodo dell'anno che verrà" prima di quest'altro sistema predittivo. Solo quando

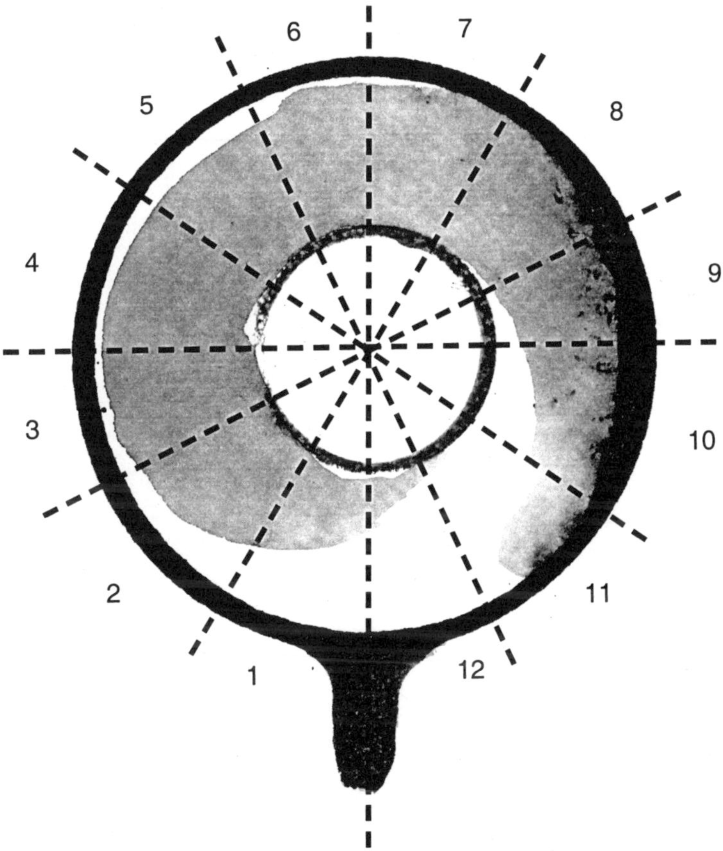

Figura 10

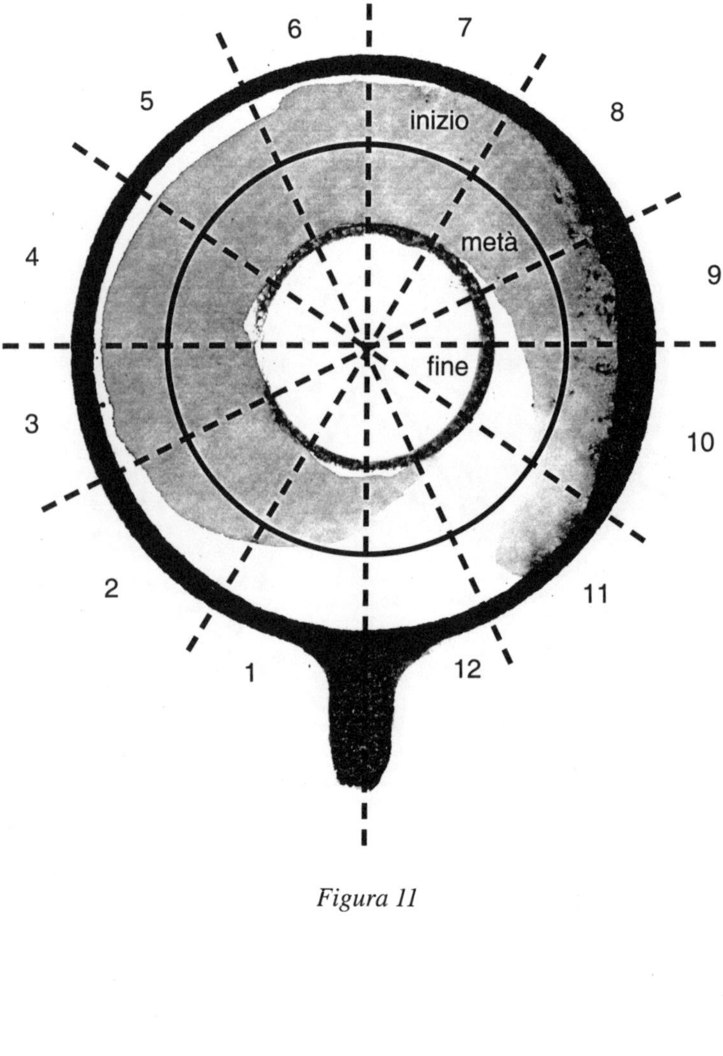

Figura 11

avremo raggiunto una certa familiarità con il consultante potremo accedere al "Metodo della settimana che verrà" senza la lettura preliminare con il "Metodo dell'anno che verrà", riuscendo in tal modo a saggiare l'energia a lungo ma anche a breve termine del cliente: solo così otterremo una visione più profonda e accurata.

Questo metodo è simile a quello precedentemente descritto, eccettuato il fatto che la tazza viene divisa in sette parti uguali (Figura 12) e non in dodici. Ancora una volta le figure all'interno degli "spicchi" sono lette in senso orario, con il primo giorno della settimana alla sinistra del manico e l'ultimo alla sua destra. Diversamente dal "Metodo dell'anno che verrà", lo spazio compreso tra i bordi e il fondo della tazza non è suddiviso in inizio, metà e fine giornata: fare previsioni in un lasso di tempo di poche ore sarebbe osare un po' troppo.

Metodo classico del piatto

Un consiglio iniziale, valido per qualunque metodo caffeomantico, è quello di conoscere meno elementi possibili sulla vita e la personalità del consultante: si eviterà in tal modo di crearsi su di lui idee preconcette che falserebbero la predizione e la renderebbero maggiormente ardua.

Dopo aver bevuto il caffè, che non deve essere macinato troppo finemente per consentire ai granelli di polvere di staccarsi bene gli uni dagli altri, e dopo aver fatto colare con attenzione fuori della tazza il liquido in eccesso, si versino i fondi su un piatto bianco, scotendolo in senso orizzontale fino a che tutta la sua superficie ne sarà ricoperta: in tal modo le masse di caffè si distribuiranno sul piatto e formeranno le figure da interpretare in seguito.

Si tracci quindi una linea immaginaria, parallela all'operatore, corrispondente al diametro del piatto, detta "Livello dei Giusti" (Figura 13). Le figure che si troveranno verso chi legge avranno una forza – fasta o nefasta – inferiore rispetto a quelle situate dall'altra parte della linea, verso il consultante.

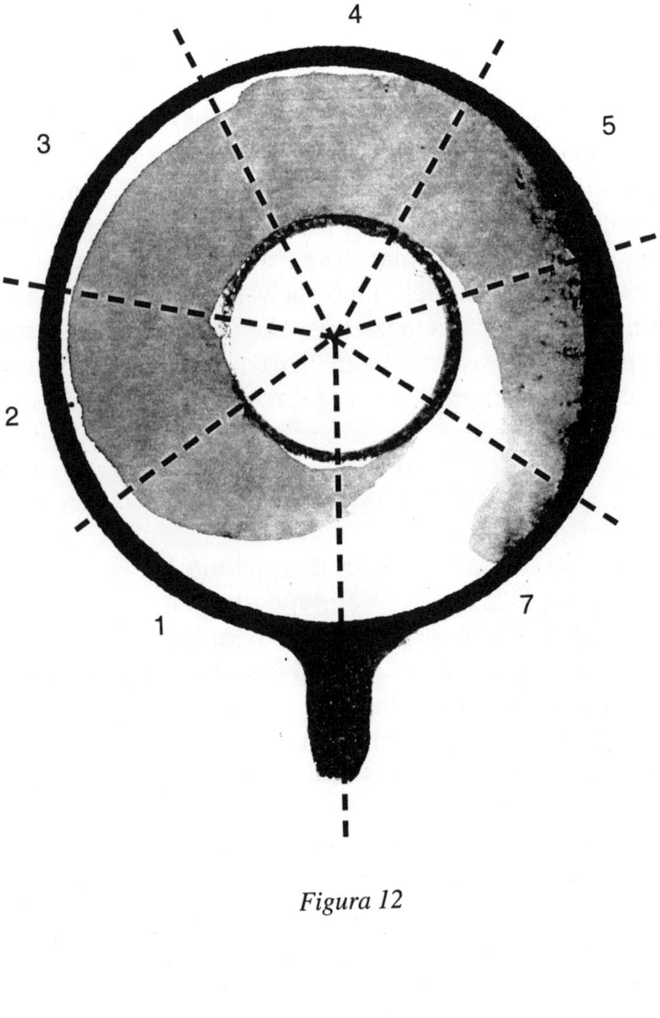

Figura 12

Ora si ripeta mentalmente la domanda che ci siamo fatti, o che ci è stata posta, la quale non deve essere mai gratuita (ad esempio: Quando vincerò al Superenalotto?), troppo specifica (Chi è che mi vuole male?), troppo vaga (Quando sarò felice?), né si deve riferire a un lungo lasso di tempo (Come sarà il mio lavoro fra vent'anni?).

Pian piano i fondi riveleranno, ad uno sguardo attento e concentrato, delle figure – all'inizio poche e semplici ma poi, con l'accrescersi dell'esperienza, sempre più ricche e articolate – che andranno riconosciute procedendo con lo sguardo dall'alto verso il basso e da sinistra a destra.

Si potranno anche usare carta e penna per annotare tutto ciò che affiora dal subconscio e i pensieri che casualmente associamo alle immagini appena scoperte. L'importante è non operare censure, non dare giudizi affrettati, non attribuire gradi d'importanza a ciò che viene in mente. È sufficiente osservare un'intuizione, un pensiero, fissarli su carta e lasciarli andare. Sarebbe inoltre consigliabile non leggere mai ciò che si sta scrivendo, a costo anche di scrivere cose illeggibili, e tenere sempre lo sguardo fisso sul piatto.

Dopo una diecina di minuti di tale percezione vigile del proprio mondo interiore, si può riesaminare quanto scritto interpretando le varie immagini, sia considerandole singolarmente sia mettendole in relazione tra loro e con il "Livello dei Giusti" (maggiore o minore incidenza del destino).

Andrà interpretato solo ciò che sembra avere una precisa attinenza con la domanda che ci siamo posti o che ci ha formulato il consultante, tenendo sempre presente che non ci sono risposte giuste o sbagliate poiché tutte sono, a modo loro, corrette.

Esistono poi conformazioni particolari assunte nel piatto dai fondi che ci danno indicazioni generali su chi ci siede di fronte.

I fondi che, partendo dal centro del piatto, fuoriescono a *sinistra* formando una *striscia*, rivelano una persona molto rigida, legata a ferree abitudini difficilmente modificabili. Se ugualmente colano a sinistra ma *si biforcano*, la persona sarà intraprendente, creativa, ma per troppa superficialità incapace a realizzarsi. Oppure, se formano piccole chiazze, presto arriverà del denaro o

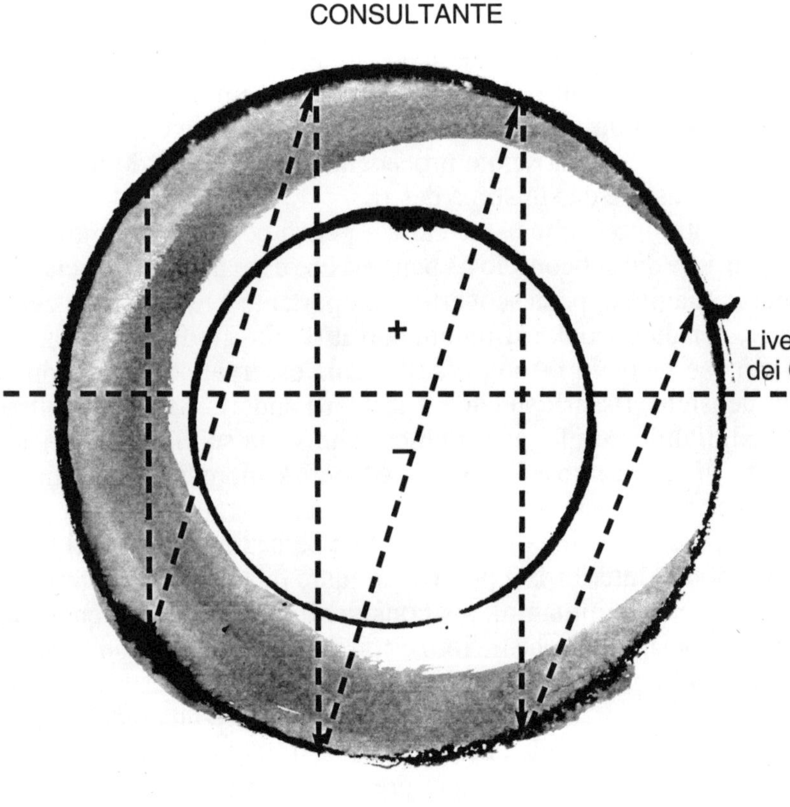

Figura 13

un guadagno in senso lato. Se, invece, i residui di caffè, dopo aver circondato il bordo interno del piattino, fuoriescono verso destra, ci sarà un viaggio o in ogni caso un cambiamento. Quando formano una specie di ventaglio che dal centro si apre verso sinistra, il consultante otterrà un prestigioso posto di lavoro grazie soltanto alle proprie capacità. Il centro del piatto completamente allagato indica piuttosto debiti, fallimenti, perdite di denaro.

METODO DELLA ZINGARA

Questo metodo deriva dalla tradizionale tecnica di interpretazione delle foglie del tè delle popolazioni nomadi di origine rumena[20] ma può essere benissimo applicato anche ai fondi del caffè.

Il consultante, dopo aver bevuto il caffè, e aver avuto cura di lasciarne una piccolissima quantità mista ai fondi, fa ruotare la tazza – tenendola con la mano *sinistra* – tre volte in senso *antiorario* se la domanda è attinente a una perdita o ad un abbandono, oppure in senso *orario* se invece riguarda un guadagno nel senso più ampio del termine; quindi la tazza viene capovolta per far colare il liquido eccedente e passata alla persona che dovrà leggerla. L'indovino la riceverà con la mano *destra*, reggendola per il manico (o, se è più comodo, con tutte due le mani) e osservando le forme che i fondi hanno creato al suo interno, lascerà che la propria psiche liberamente riconosca in esse volti, figure, numeri, ecc. Può aiutare mettere fuori fuoco lo sguardo e indirizzarlo al centro della tazza attivando in tal modo il terzo occhio[21].

[20] Terra d'origine degli Zingari è l'odierno Pakistan, che abbandonarono intorno all'anno Mille per sfuggire alla schiavitù. Attraverso la Persia e l'Afghanistan queste popolazioni nomadi giunsero nei territori dell'Impero Bizantino che, successivamente, sotto l'incalzare dei Turchi, lasciarono a partire dal 1416 per dirigersi a gruppi in tutti i paesi d'Europa.

[21] Si tratta, secondo il pensiero indiano, dell'"occhio spirituale" sede dell'intuizione, situato sulla fronte tra le sopracciglia. Attraverso quest'organo sottile, corrispondente al sesto centro energetico, o *chakra*, si può vedere ogni cosa dentro e fuori di noi.

Figura 14

Per la lettura si deve seguire un ordine preciso, spostando lo sguardo, a partire dal manico, in senso antiorario, intorno ai bordi e poi giù con movimento a spirale fino al fondo della tazza (Figura 14). Più i simboli sono vicini al bordo della tazza, più gli eventi che essi rappresentano appartengono ad un futuro prossimo e quindi accadranno di lì a poco; man mano che si scende verso il fondo, i probabili accadimenti si allontanano temporalmente sempre più.

Inoltre, la grandezza di un'immagine è proporzionale all'impatto che il fatto, rappresentato simbolicamente, avrà nella vita della persona che chiede il consulto.

Se appaiono con chiarezza dei *numeri* essi daranno una precisa indicazione di tempo. Ad esempio un "sei" vicino al bordo della tazza significherà che l'evento previsto accadrà dopo sei giorni; se è a metà parete, dopo sei settimane; se si trova sul fondo, dopo sei mesi.

Nel caso in cui dei *punti* circondino un simbolo facilmente riconoscibile, essi forniranno la misura o la grandezza del fatto previsto. Per esempio, due punti vicino ad un simbolo di nascita significheranno che due bambini vedranno la luce.

Se sulle pareti della tazza si manifestano delle vere e proprie *lettere* dell'alfabeto, possono in genere essere le iniziali del nome di una persona o di un luogo.

Alcune volte le figure possono rappresentare in maniera molto chiara un eventuale oggetto, come del denaro, un viaggio, un matrimonio, ecc.: sarà dunque sufficiente solo un briciolo d'intuito per riuscire a comprenderle. Altre volte parleranno piuttosto attraverso dei simboli e allora le strade percorribili saranno due: ascoltare attentamente come il nostro subconscio reagisce a questi stimoli visivi oppure affidarci con cautela alla gamma di significati tradizionalmente ad essi associati (cfr. il capitolo "Simboli"). Più simboli possono essere interpretati singolarmente o posti in relazione fra loro – soprattutto quando sono vicini – fino a costruire un discorso articolato e circostanziato.

Se, mentre si stanno interpretando i fondi, magari movendo la tazzina fra le mani per meglio osservarne l'interno, una figura si modifica e si trasforma in un'altra immagine, possiamo leggere

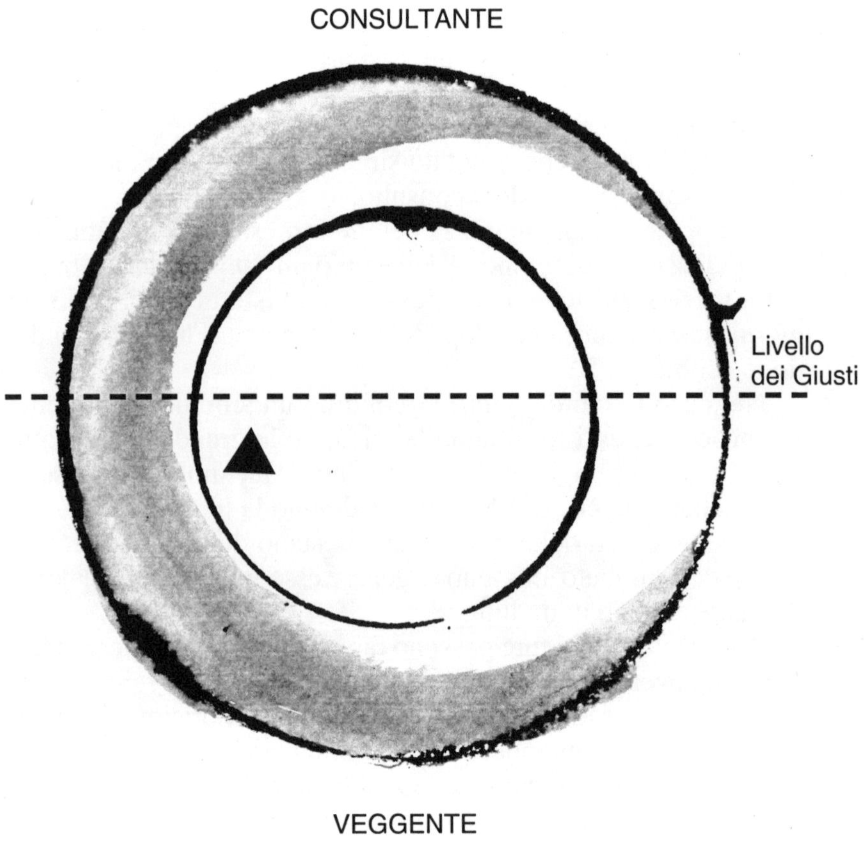

Figura 15

in questo cambiamento una "storia" che metta in rapporto i due simboli. Per esempio, un'àncora che diventa una "e" potrebbe significare un'occasione fortunata negli affari dovuta ad una persona il cui nome inizia per "e".

Metodo del sì e del no

Se il consultante desidera semplicemente una risposta affermativa o negativa a un determinato problema, dovrà scegliere insieme al veggente un particolare simbolo, preferibilmente una figura geometrica come un quadrato, un cerchio o un triangolo. Se, una volta rovesciata la tazza, tale forma comparirà sul piatto nel semicerchio compreso tra il "Livello dei Giusti" e l'indovino, la risposta sarà "no", se, diversamente, si troverà nell'altra metà del piatto la risposta sarà "sì" (Figura 15).

Metodo preciso

Se si desidera conoscere rapidamente l'esito o le conseguenze di un preciso fatto o di una circostanza in atto, similmente al "Metodo del sì e del no", bisogna scegliere un segno convenzionale (croce, triangolo, falce di luna, ecc). Dopo aver rovesciato la tazza e lasciato colare i fondi di caffè sul piatto, il divinante lo fa ruotare in senso orario fino a portare la figura convenuta alla propria sinistra. Indi traccia idealmente un "Livello dei Giusti" (Figura 16) e inizia ad interpretare, da sinistra verso destra, le immagini che si trovano su questa linea di demarcazione: esse daranno la successione temporale delle conseguenze del fatto che è stato oggetto di divinazione.

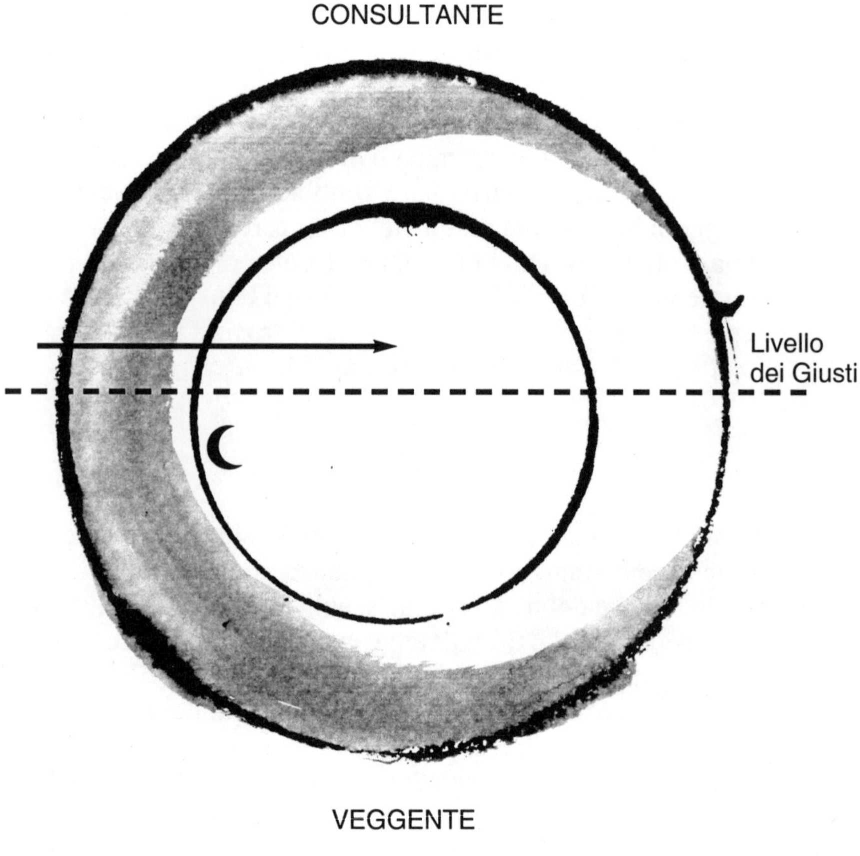

Figura 16

METODO GEMATRICO

Questo metodo, non certo semplicissimo, si fonda sull'antica gematria[22] cabalistica, cioè sull'associazione tra lettere dell'alfabeto ebraico e numeri. Il *Midrash*, il libro sacro degli Ebrei, mediante il calcolo del valore numerico delle parole, insegna a scoprire i legami tra i vari vocaboli e i loro significati. Nella tazzina dovremo dunque andare a ricercare delle lettere ebraiche, che corrispondono a dei numeri, i quali a loro volta sono associati a dei significati. Vediamoli in questo schema.

א	1	A	Novità
ב	2	B	Riuscita, affermazione
ג	3	C	Errore di percorso
ד	4	D	Sforzi necessari a raggiungere la meta
ה	5	H	Comprensione
ו	6	V	Innalzamento spirituale
ז	7	Z	Cautela
ח	8	C	Buone relazioni amorose e lavorative
ט	9	Te	Cautela
י	10	I	Tatto, prudenza
כ	11	C/CH	Non rompere i rapporti
ל	12	L	Non adagiarsi
מ	13	M	Non prendersi gioco del prossimo

[22] La gematria (dal greco γεωμετρία) è una regola interpretativa della Torah che consiste nello spiegare una parola o un gruppo di parole secondo il valore numerico delle lettere – uso peraltro già noto ai Babilonesi e ai Greci –, oppure sostituendo ad esse altre lettere dell'alfabeto seguendo un sistema fisso detto *atbash* (l'ultima lettera viene sostituita alla prima, la penultima alla seconda e così via).

נ	14	N	Aiutare gli altri
ס	15	S	Non mutare opinione
ע	16	Ayn	Ritornare alle origini
פ	17	P	Guardarsi dalla corruzione
ץ	18	Ts	Seguire la natura
ק	19	K	Un passo importante
ר	20	R	Attenzione alla superbia
ש	21	Sch	Amore
ת	22	Th	Figlio in arrivo

Se troveremo nella tazzina anche una sola di queste ventidue lettere, potremo nello stesso tempo avere: a) un'indicazione numerica (una data, una quantità, ecc.); b) l'iniziale di un nome (una persona, un luogo, ecc.); c) la previsione di un evento particolare legato al numero e alla lettera precedenti.

Per esempio, se scopriamo che i fondi hanno disegnato una ז, essa suggerirà che bisogna fare *attenzione* a qualcuno o a qualcosa il cui nome inizia per *zeta*, specialmente il giorno *sette* (o la domenica, o il mese di luglio).

Metodo proiettivo

Le figure che i fondi di caffè formano non sono per nulla precise e ben delineate, e quindi per decifrarle bisogna, per così dire, lasciarsi andare facendo emergere lentamente, guidati dall'ispirazione, dalla perspicacia e dalla fantasia (profondissime e misteriose sono le radici della creatività!), ciò che il nostro istinto ci suggerisce al momento.

Un caratteristico metodo caffeomantico prevede che sia il consultante stesso a compiere quest'esercizio di ascolto del proprio Io, a trovare da solo le immagini nel magma apparentemente informe e insignificante della polvere nera.

Il principio è analogo a quello su cui si fondano i test proiettivi usati nella clinica psicologica e in particolare il "Reattivo di Rorschach"[23] (Figura 17).

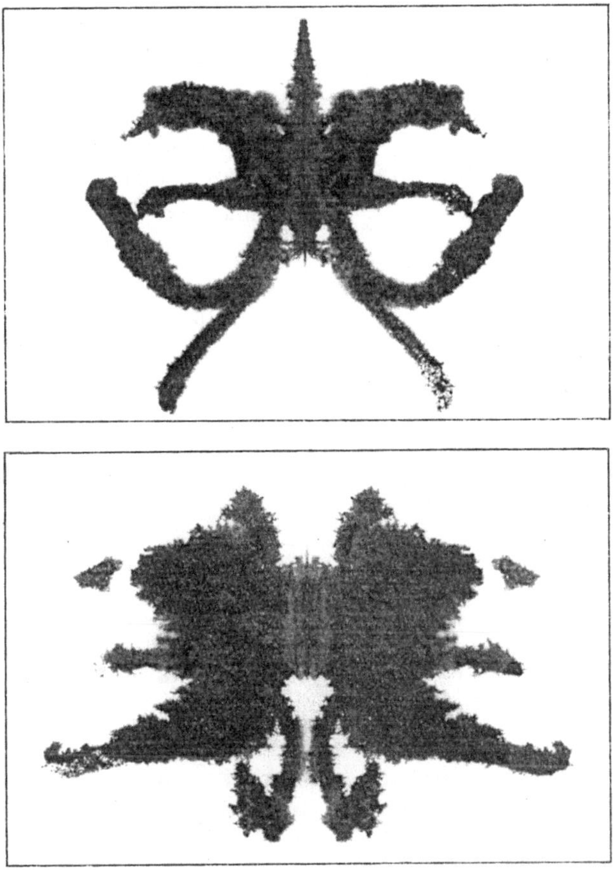

Figura 17

[23] Hermann Rorschach, psichiatra svizzero, mise a punto nel 1921 questo notissimo test per l'esame della personalità, basato su dieci tavole con macchie d'inchiostro (nero, rosso o di vari colori) a simmetria bilaterale. Le interpretazioni date dal paziente a ciascuna tavola vengono appositamente siglate e valutate in base a vari parametri, livelli, categorie, ecc. permettendo in tal modo di avere un quadro delle più importanti dimensioni della personalità.

Il veggente dovrà aiutare il consultante – partendo dal classico "Cosa potrebbe essere?" – a far emergere il proprio inconscio stimolandolo con domande, chiedendogli maggiore precisione nel definire concetti, portandolo ad associare ad una parola altre parole, suscitando in lui collegamenti sempre più imprevisti e inconsapevoli. Se, per esempio, il soggetto avrà visto un uccello, gli si potrà chiedere se è grande o piccolo, se vola o sta fermo, dove è diretto, in che stagione si trova, quando gli è successo di averlo visto altre volte, quale persona potrebbe ricordargli un tale animale, e così via in un crescente incalzare.

Il contenuto del simbolo verrà pian piano delineandosi, specificandosi, arricchendosi di particolari, consentendo di andare al di là dei canonici significati attribuiti alle figure: in tal modo il consultante con un po' di impegno troverà da sé e in se stesso la risposta alla domanda che lo tormentava.

Metodo di analisi del presente

Sia per questo sistema che per tutti gli altri è necessario che i fondi di caffè non siano né troppo liquidi né troppo solidi. Per far ciò si può:

- lasciar evaporare il liquido in eccesso mettendo la tazza su un fornellino, inclinandola e rigirandola con cura sulla fiamma;
- oppure versare i fondi in un'altra tazza;
- o anche, lasciando i fondi abbastanza umidi, far ruotare rapidamente la tazza in senso orario e rovesciarla sul piattino, lasciando scorrere giù il liquido residuo. Quindi, prima che i fondi si asciughino, ripetere di nuovo l'operazione fino ad ottenere un buon amalgama tra il liquido e i residui di caffè.

A questo punto sia sulle pareti interne della tazza che sul piattino si saranno formate delle macchie, delle forme, dei disegni che andranno interpretati e messi in relazione tra loro: in special modo le figure che si troveranno nella tazza forniranno la risposta specifica a una precisa domanda del consultante riguardo *solamente* la situazione presente.

Bisogna in ogni caso precisare che si dovrà porre la domanda a voce alta, nel modo più chiaro e sintetico possibile, e, soprattutto, *prima* di capovolgere la tazza. Le domande da preferire dovranno essere del tipo:

- Che cosa succederà se mi comporterò...?
- Qual è la causa del mio problema?
- In quali rapporti sto con...?
- Quale sarà la mia situazione l'anno prossimo?
- Come mi sentirò se farò...?
- Da cosa dipende il fatto che...?
- Perché in questa situazione io mi comporto sempre...?
- Cosa posso fare per...?
- Quali possibilità esistono...?

Concentratevi per qualche minuto e poi, in maniera rilassata, cercando di escludere la coscienza, posate lo sguardo sulla tazza; volendo la potete anche tenere con tutte e due le mani rigirandola per osservarla meglio.

Aspettate in silenzio.

Dopo un po' di tempo, ciò che vi sembrava solo una massa informe e frastagliata di fondi di caffè farà emergere immagini che vi verranno incontro e scateneranno in voi una serie di considerazioni e di pensieri. Man mano che riconoscete queste figure memorizzatele senza dar loro un'affrettata valutazione, senza giudicarle: contemplatele semplicemente con serenità. Non affannatevi a trovare un numero cospicuo di segni poiché non è la quantità a determinare la qualità del responso: vi accorgerete da soli quando le immagini che avete possono bastare. Se proprio vogliamo dare una media essa si aggira intorno ai cinque-dieci simboli per tazza.

Ottenuti i vari simboli, essi andranno interpretati scegliendo tra due strade possibili:

- Usare degli schemi fissi legati al significato tradizionale e in un certo senso codificato dei simboli (cfr. capitolo ad essi dedicato), facendo attenzione però a non castrare il personale intuito e a non mettere da parte la propria esperienza. Questo modo di procedere può essere utile quando si muovono i primi passi nella caffeomanzia, ma comporta il duplice rischio di fossilizzarsi

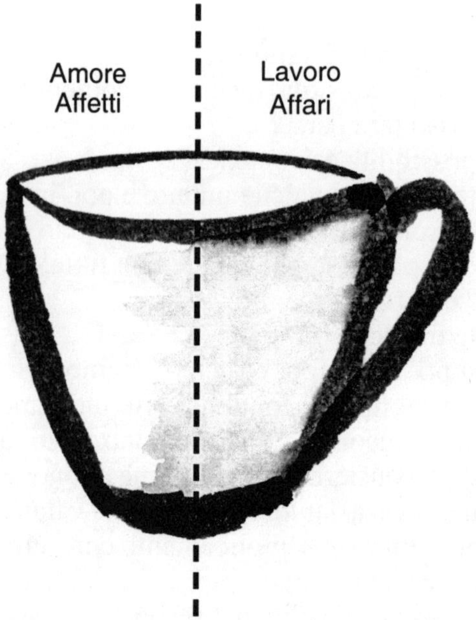

Figura 18

su stereotipi da veggente da luna-park, e di allontanarsi dalla vera natura e dalla specifica personalità di chi ha posto la domanda e siede di fronte a noi.

• Affidarsi alle proprie capacità intuitive, facendo affiorare tutto ciò che l'inconscio suggerisce ad ogni simbolo, senza perdere di vista il contesto rappresentato dagli elementi forniti dal consultante e la specifica domanda da lui fatta. Porre poi in rapporto i vari significati e organizzare in tal modo un ragionamento compiuto che soddisfi la richiesta di chiarimento avanzataci.

Ad esempio se all'interno della tazza compariranno una MONETA, un'ASCIA, una STRADA, un UCCELLO e una CASA e la domanda era inerente a un cambio di città e di lavoro, il responso sarà che un nuovo corso dell'esistenza (STRADA) comporterà un taglio netto con il passato (ASCIA), la vendita (MONETA) di un'abitazione (CASA) ma l'acquisto di una rinnovata libertà (UCCELLO).

Volendo proseguire nell'analisi degli sviluppi futuri della situazione attuale che, come si è visto, le pareti della tazza hanno svelato, bisognerà osservare i fondi di caffè sgocciolati nel piatto durante le operazioni preliminari alla lettura.

Metodo dei quattro quarti

Una volta sorbito il caffè, si deve capovolgere la tazza sul piattino con gesto rapido e sicuro e farle compiere tre giri completi in senso *antiorario*. Quando si sarà raffreddata, andrà nuovamente capovolta facendo molta attenzione a non spostare il piatto poiché il suo orientamento sarà importantissimo ai fini della lettura dei simboli.

Tenendo la tazza per il manico con la mano destra, la taglieremo idealmente a metà in senso verticale, distinguendo in tal modo due settori: uno alla nostra destra, vicino al manico, e l'altro a sinistra (Figura 18).

Le figure che leggeremo nella zona di destra saranno inerenti alla sfera professionale, al lavoro e agli affari; quelle che appari-

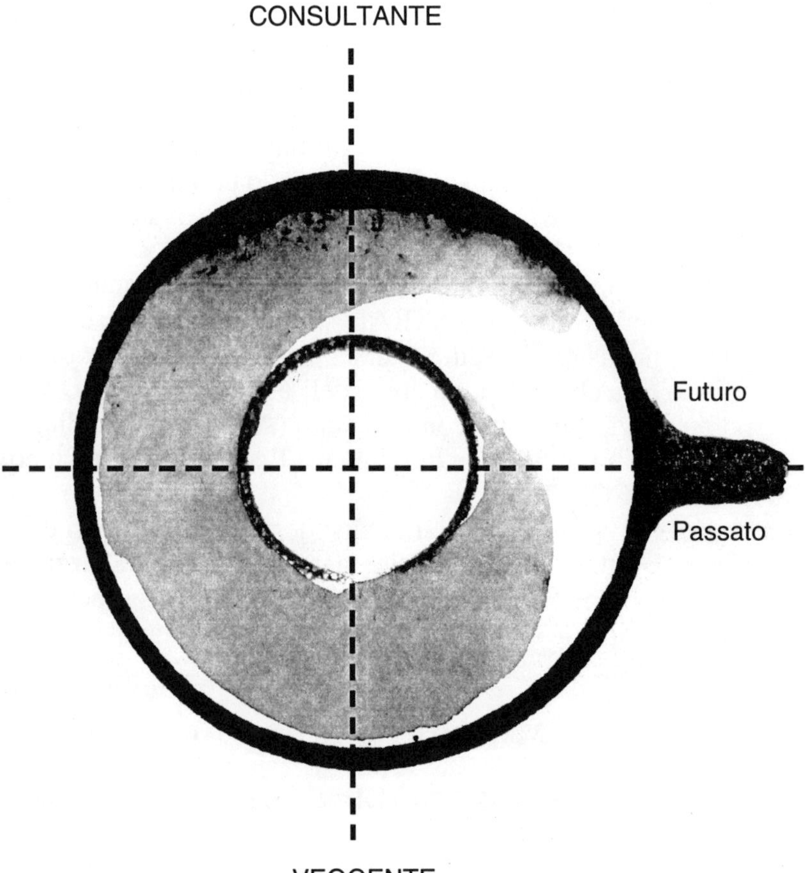

Figura 19

ranno nella zona di sinistra riguarderanno invece la sfera sentimentale, l'amore, gli affetti.

Guardando adesso la tazzina dall'alto, la divideremo in due semicerchi: quello dal lato del consultante rappresenterà il futuro mentre quello verso il veggente il passato (Figura 19).

Avremo così ottenuto quattro quarti: il quarto interno destro ci darà informazioni sul passato nel lavoro, il quarto esterno destro sul futuro professionale, il quarto interno sinistro sul passato negli affetti e il quarto esterno sinistro su ciò che succederà nella sfera sentimentale.

Il piatto, invece, diviso a metà dal "Livello dei Giusti" di cui si è già parlato, fornirà circa il destino del consultante ulteriori notizie, di maggiore o minore importanza se i simboli si troveranno verso l'esterno o l'interno di questa linea; per l'interpretazione si procederà con uno dei metodi fin qui proposti (simbolico, gematrico, proiettivo, ecc.).

Altre tecniche divinatorie con il caffè

La preparazione del caffè, spesso affidata alle donne tra le mura domestiche, diede origine in passato ad una, diciamo così, divinazione romantica mediante i chicchi di caffè. Le risposte cercate attraverso questo sistema riguardavano ovviamente la sfera affettiva e il matrimonio.

Si prendevano tre bicchieri di vetro pieni d'acqua e a ciascuno si assegnava il nome di uno spasimante. In ogni recipiente si metteva un chicco verde di caffè, coprendo la sommità con un pezzo di tessuto (si usavano solo fibre naturali) (Figura 20).

Il chicco che germogliava per primo rivelava il nome del pretendente con il quale le nozze sarebbero andate a buon fine; se nessuno dei tre chicchi germinava, non era giunto ancora il tempo di prendere una decisione così importante oppure nessuno dei tre era il marito giusto.

Oggi, purtroppo, è molto difficile trovare in commercio i grani verdi di caffè e quelli che si riescono a reperire non germogliano

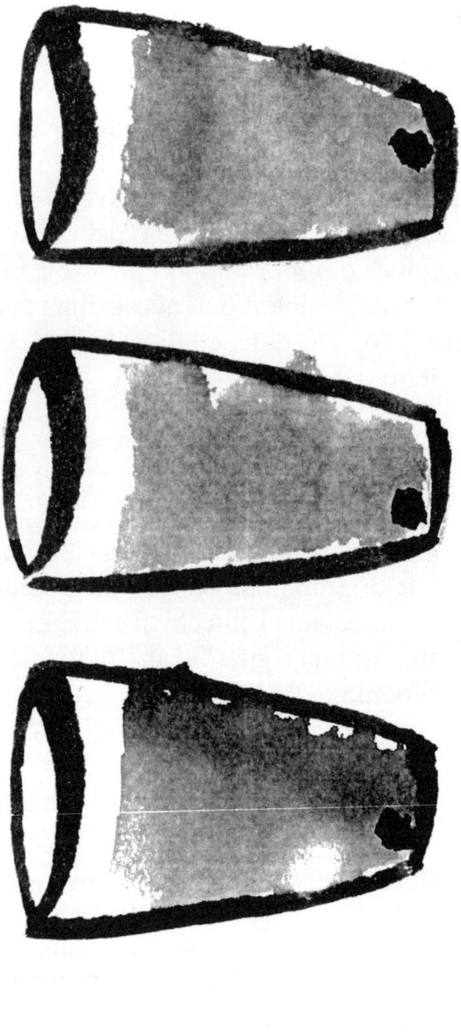

Figura 20

facilmente: volendo, si potranno pertanto sostituire con dei più comuni semi di girasole.

Un altro semplice e divertente metodo, che si può sperimentare a casa oppure al tavolino di un bar con gli amici, necessita solamente di una tazza di caffè, di un cucchiaino – l'ideale sarebbe se fosse d'argento ma anche la plastica può andare – e di una zolletta di zucchero.

Per prima cosa dovete guardare intensamente la tazza colma di caffè concentrandovi sul problema da esaminare e sulla domanda precisa che volete porre; pensate a quattro possibili soluzioni, a quattro ipotetiche risposte senza propendere verso nessuna di esse in particolare: fissate solamente il liquido nero e fumante cercando di tenere la vostra mente sgombra da tutto ciò che non è inerente al vostro problema.

Riempite il cucchiaino di caffè e tenetelo sulla superficie del liquido; mettetevi dentro la zolletta e – avendo precedentemente assegnato a ciascun suo angolo una possibile soluzione – abbandonatela dolcemente nella tazza abbassando il cucchiaino.

Lo spigolo della zolletta che sprofonderà per primo nel caffè vi suggerirà la direzione da percorrere per giungere alla soluzione del vostro dilemma. Se simultaneamente dovessero affondare due angoli, sarà necessario trovare una mediazione tra le due possibilità che essi rappresentano.

Altre anticipazioni sul vostro futuro le potete attingere osservando le bolle che si formano sulla superficie del caffè. Generalmente esse indicano che capiterà qualcosa di buono, del denaro – ricordano, infatti, mucchi di monete – o una visita. Il numero delle bollicine è correlato alla grandezza o all'immediatezza dell'evento positivo.

Più complesso è un metodo denominato *Café Nation* che prende in considerazione le caratteristiche specifiche delle varie qualità di caffè e l'antichissimo sistema di divinazione mediante il lancio d'oggetti (conchiglie, ossa, noci, bastoncini, steli di achillea, monete, ecc.). Similmente all'*I:Ching*, basato sui sessantaquattro diversi esagrammi che possono risultare dal tiro di tre sole monete, nel sistema *Café Nation* cinque lanci di chicchi di caffè riescono a sviluppare trentadue varianti di un penta-

Sole che sorge e tramonta
inizio e fine
bianco
1 2 3 4 5
nero
1 2 3 4 5
Freccia
direzione
bianco
1 2 3 4 5
nero
1 2 3 4 5
Corona
momento preciso
bianco
1 2 3 4 5
nero
1 2 3 4 5
Stella
possibilità
1 2

Figura 21

gramma, e ad ognuna di esse alle quali corrispondono precisi auspici per il futuro.

In questo sistema si usa una plancia che raffigura una stella a cinque punte, i cinque elementi comuni a tutte le tradizioni esoteriche: Spirito, Acqua, Fuoco, Terra e Aria (dall'alto in senso orario). Per ogni punta-elemento del pentagramma si esegue un lancio del chicco di caffè: se cade dalla parte della fessura, la punta in questione rimane bianca, se invece cade dall'altro lato viene annerita. Ultimati i cinque tiri, quattro possono essere le figure risultanti (il sole nascente, la lancia, la corona o la stella) che, secondo i cinque differenti orientamenti che assumono e il colore che hanno (bianco o nero), sono in grado di generare trentadue variazioni (Figura 21).

Non basta. Oltre a quest'operazione si fa anche un lancio di bastoncini che riportano il nome delle più note qualità di caffè esistenti al mondo e alla fine, mettendo in relazione i due responsi, quello dei chicchi e quello dei bastoncini, si consulta un prontuario di risposte bell'e pronto. La spiegazione del *Café Nation* non è certo esaustiva, ma sarebbe necessario un intero libro dedicato esclusivamente a questo complesso sistema per chiarirne le modalità e i significati.

6. Simboli

Lui è il tipo di persona che rende nervoso il caffè.
LEOPOLD FETCHNER

Il discorso sul significato dei simboli è molto delicato e può essere “pericoloso” proporne per scopi pratici un elenco conciso corredato delle più comuni spiegazioni: si rischia di bloccare il rapporto continuo che nell'interpretazione ognuno di noi dovrebbe avere con il proprio subconscio, di congelare quindi l'ispirazione individuale, personale, che rende liberi dal luogo comune, dallo stereotipo e che pertanto ci consente di percepire la condizione specifica della persona che ci sta di fronte.

Leggendo più oltre i significati associati ai vari simboli potremo sorridere: alcuni ci sembreranno fin troppo ovvi, altri logici, altri limitati, altri ancora astrusi. La cosa importante è comprendere cosa sta alla base del legame tra simbolo[24] e significato, l'eventuale tradizione sottintesa, e subito dimenticare le sintetiche definizioni così come sono scritte. L'elenco che segue dovrà rappresentare una sorta di traccia, di guida verso una personale chiave di lettura dei simboli che tenga conto da un lato degli archetipi e delle allegorie in essi contenuti e dall'altro di ciò che specifiche figure suggeriscono alla parte più nascosta di noi stessi. Un simile “simbolario” andrà utilizzato come stimolo per la propria ispirazione, come chiave per mettere in moto la libera ca-

[24] Il legame che unisce il simbolo al significato è l'elemento più importante e richiama l'etimologia stessa della parola “simbolo”. Nell'antica Grecia, infatti, il “simbolo” (σύνβωλον) era un oggetto spezzato irregolarmente in due che consentiva a chi ne aveva una metà di farsi riconoscere facendola combaciare con l'altra posseduta da un'altra persona. “Simbolo” vuol dire appunto “collegare”, “unire”, “mettere insieme”, σύν- βάλλω.

pacità associativa che ognuno di noi possiede, tenendo sempre presente che non esiste *il* significato, che non ci sono risposte esatte e risposte sbagliate e che la verità non è mai una sola.

Il mio consiglio è pertanto quello di leggere la lista una o due volte e di non usarla immediatamente per trovare rapide risposte preconfezionate: quello che abbiamo letto e che intimamente condividiamo lo ricorderemo sicuramente e ciò che non c'è sembrato appropriato lo re-interpreteremo, lo personalizzeremo, nel corso della nostra esperienza, secondo il nostro sentire.

A

ABETE: Ricerca interiore che porta alla solitudine.

ACROBATA: Pericoli da considerare se vogliamo allearci con qualcuno.

AEREO: Partenza improvvisa. Nuovi rapporti amorosi.

AGO: Liti in amore o sul lavoro. Attenzione ai pettegolezzi.

ALBERO: Desiderio di successo.

ALBICOCCA: Conoscenza di una persona ipocrita che mostrerà solo il suo lato migliore.

ALI: La giornata trascorrerà in modo rapido.

ALTARE: Matrimonio. Soddisfazioni lavorative. Desideri che si avverano.

ALVEARE: Chiacchiere inutili che ostacolano una decisione. Desiderio di tranquillità.

AMO: Imbrogli orditi da amici non veri da cui guardarsi.

ANATRA: Restituzione di denaro prestato.

ANCORA: Possibile viaggio, o rapporti con uno straniero. Fortuna e stabilità negli affari.

ANELLO: Amore sincero e duraturo. Riuscita totale. Accordo raggiunto. Se spezzato, si separano le strade dell'amore e degli affari.

ANFORA CAPOVOLTA: Fallimento.

ANGELO: Una guida spirituale. Protezione da danni morali o fisici. Amore. Buone nuove.

ANGOLI: Incidente dal quale si uscirà illesi.

ANGOLO RETTO: Decisione importante da prendere.

ANIMALE: Amici se animali domestici. Nuove esperienze e indipendenza se animali selvatici. Guardarsi dai nemici se animali feroci in atto di attaccare.

APE: Fortuna. Successo. Le cose andranno nel verso giusto. Buona notizia in arrivo.
AQUILA: Trionfo sui problemi e sugli ostacoli.
ARBUSTO: Un vuoto negli affetti che presto verrà però ricolmato.
ARCO: Nuove opportunità, possibilità. Si apriranno nuove strade. Speranze si realizzeranno ma attraverso un duro lavoro.
ARCOBALENO: Speranza nel futuro.
ARPA: Desiderio di divertimento e gioco. Successi in ambito artistico.
ARTIGLIO (UNCINO): Attenzione a non correre rischi.
ASCIA: Alcune forze avverse stanno operando contro (verifica tramite le figure correlate la natura di questo pericolo). Difficoltà in arrivo.
ASINO: Caparbietà contro ogni possibile logica.

B

BALENA: Successo professionale.
BALESTRA: Un nemico ostacola il nostro lavoro. Liti familiari.
BALLERINA: Mondanità.
BANDERUOLA: Cattive nuove negli affetti. Rivale in amore.
BANDIERA: Attenzione ad un amico che sembra fidato.
BARA: Fine di qualcosa.
BARCA: Visita in arrivo. Viaggio.
BARRIERE: Difficoltà che bisogna risolvere.
BASTONE: Attenzione alla tua salute.
BICCHIERE: Partner capriccioso. Attenzione alla salute.
BILANCIA: Ottenimento di ciò che si merita. Se i piatti della bilancia non sono uguali ci sarà un trattamento ingiusto. Rapporti con la giustizia.
BOCCA: Chiarimento in amore che comporta spiacevoli cambiamenti. Verità scomode su qualcuno della famiglia.

BORSA: Guadagni inattesi.

BOTTE: Una carenza nella vita: amore, denaro o obiettivi non raggiunti (controlla le figure collegate per capire di quale aspetto si tratti).

BOTTIGLIA: Momenti piacevoli. Non perdere di vista la propria salute fisica.

BOUQUET: Complimenti da un ammiratore.

BROCCA: Buona salute.

BRUCO: Le cose non andranno sempre in questo modo. Un cambiamento è in arrivo (controlla se le figure correlate rivelano la natura di questo cambiamento).

BUE: Sacrifici per raggiungere un obiettivo. Forte impegno sul lavoro che non viene ripagato da adeguate soddisfazioni.

C

CAMMELLO: Con la perseveranza si supereranno i problemi.

CAMPANA: Buone notizie inattese in famiglia o da amici molto vicini (la natura di questo annuncio sarà rivelata dalle figure a questa correlate).

CANDELA: Aiuti e sostegno (da dare o da ricevere). Ti verrà indicata la via.

CANE CHE ABBAIA: Avvertimento da un amico.

CANE: Protezione da un amico potente.

CAPELLI: Stress, ansia, irrequietezza. Attenzione alla salute.

CAPPELLO: Cambiamento in arrivo. Offerta di lavoro.

CAPPUCCIO: Problemi affettivi da non nascondere e da affrontare.

CAPRA: Il partner per i troppi capricci sta decidendo di andarsene.

CAROTA: Opportunità o fortuna inaspettata.

CARRIOLA: Momenti di gioia con amici.

CARRO: Trasferimento lavorativo. Successi non previsti.

CARROZZA: Un viaggio, o fisico o mentale.

CASA: Famiglia, sicurezza, aiuto familiare. Se vicino c'è un cerchio, prossimo acquisto di una casa.
CASSERUOLA: Giunge un grande amore.
CASTELLO: Promozioni.
CATENA: Matrimonio o contratto (la catena spezzata indica invece infelicità coniugale o fallimento di un contratto).
CAVALIERE: Amore in arrivo per una donna. Aiuti nel lavoro per un uomo.
CAVALLO: Desiderio di fuga, di ribellione, di trasgressione.
CAVATAPPI: Soluzione di molti problemi.
CERCHIO: Completamento (in generale di qualsiasi fatto). Realizzazione sentimentale o professionale.
CESPUGLIO: Inganni verranno alla luce. Vecchi problemi di salute si ripresenteranno.
CESTO: Riconoscimento, ricompensa per un merito.
CHIAVE: Prospettive inattese o progetti futuri. Se il manico è verso l'esterno buone nuove.
CHIESA: Matrimonio o funerale (secondo gli altri simboli che si trovano intorno).
CHIODO: Gelosia e difficoltà nella sfera sessuale.
CILINDRO: Una persona importante aiuterà nel lavoro. Invidia in agguato se ostenteremo la nostra ricchezza.
CIPRESSI: Vecchia ruggine da cancellare.
CLAVA: Qualcuno tenta di farti fare qualcosa contro la tua volontà.
CLESSIDRA: Bisogna agire subito.
COLONNA: Successo (se va dal centro della tazza al bordo).
COLTELLO: Separazione, rottura di un'amicizia o di un amore. Ostacoli.
CONCHIGLIA: Buone nuove. Felicità in relazione all'acqua.
CONIGLIO: Sono necessari coraggio e pazienza.
COPPA SPEZZATA: Insoddisfazione per la propria vita.
COPPA: Le critiche valide vanno accettate.
CORONA DI CROCI: Entro un anno morte inaspettata.
CORONA: Successo, onore e rispetto dovuti.
CORVO: Brutte notizie sul lavoro. Attendere negli affari momenti migliori.

CROCE: Sacrificio, infelicità.
CUCCHIAIO: Aiuto da terzi.
CUORE: Amore, matrimonio.

D

DAMA: Tradimenti della propria donna. Per una donna: acquisti di cose superflue creeranno danni economici.
DELFINO: Guadagni finanziari, di solito provenienti da qualcosa compiuto in passato.
DENARO: Difficoltà economiche, rinunce.
DIAMANTE: Un gioiello in regalo.
DIAVOLO: Gesti pericolosi suggeriti da una persona non fidata. Tentazioni sessuali.
DITO: Attenzione a un problema nel presente o nell'immediato futuro (le figure correlate diranno di che natura è il pericolo).
DONNA: Matrimonio, se vicino c'è una figura maschile; madre bisognosa di premure, se associata ad un bambino; donna pronta a tutto per amore, se a cavallo; amica sincera, se con un fiore; promozioni lavorative e successi economici, se in fila con altre donne.
DRAGO: Attenzione a una delusione.

E

EDERA: Amanti e amici fedeli.
ELEFANTE: Un lungo viaggio, fisico o mentale, che renderà più saggi.
ELSA DI SPADA: Lotta contro molti nemici con esiti positivi. Superamento di esami.

FACCIA: Nuova amicizia.

FALCE: Delusioni sentimentali. Fine di qualcosa. Incidente. Morte.

FARFALLA: Inizio di un periodo spensierato.

FARO: Attenzione ai pericoli.

FERRO DI CAVALLO: Fortuna.

FIAMMIFERO: Desiderio di passione, d'amore.

FILO: Raggiri economici, truffe, prestiti non rimborsati.

FINESTRA: Attendere con pazienza eventi positivi. Se aperta, furto.

FIOCCO: Nascita di un figlio che porterà cambiamenti e consentirà di superare le difficoltà.

FIOCCO: Qualcuno pensa a noi intensamente (le figure correlate daranno maggiori informazioni sull'identità di questa persona).

FIORE(I): Fortuna, amore vero, amicizie sincere, felicità, desideri che si avverano.

FLAUTO: Delusione in amicizia o amore.

FOGLIA(E): Buone notizie, salute, sviluppi positivi, denaro.

FOLLETTO: Uno scherzo potrebbe procurare dei guai.

FORBICI: Litigio.

FORCA: Perdita di soldi o di posizione.

FORCELLA SPEZZATA: Un desiderio non si avvererà.

FORCHETTA: Problemi affettivi sublimati col cibo; nodi irrisolti nell'infanzia influenzano ancora la situazione presente.

FORESTA: Pensieri confusi, poco chiari.

FORMICA: Lavoro, raggiungimento di obiettivi, successo dopo duro lavoro.

FORNO: Si vedono i frutti di ciò che pian piano abbiamo costruito. Soddisfazioni e riconoscimenti lavorativi.

FRECCIA: Il consultante si trova sulla giusta via per quanto riguarda alcuni aspetti della propria vita (le altre figure connesse

permetteranno di capire quali sono questi ambiti). Notizie inattese e probabilmente non buone.
FRUSTA: Critiche meritate. Un serio esame di coscienza è necessario.
FRUTTO: Vedi pera o mela.
FUCILE: Difficoltà negli affari.
FULMINE: Sfortuna.
FUMO: Fallimento di progetti e delusioni nella sfera affettiva.
FUOCO: Forte emozione. Amore oppure odio appassionati.

G

GABBIA (PRIGIONE): Malattia. Limitazioni.
GALLERIA: Malattia di un familiare che necessiterà di lunghe cure. Bisogno di lungimiranza.
GALLO: Necessità di essere umili se si vuole conservare un'amicizia.
GAMBA: Soddisfazioni nel lavoro raggiungibili un po' alla volta.
GAMBERO: Ricordare l'insegnamento di un passato prossimo.
GARITTA: Spie appostate nell'ombra. Telefonate anonime.
GATTO: Rapporti con persone ipocrite, un amico a due facce.
GELATO: Raffreddarsi di un rapporto amoroso. Dolori alle ossa.
GHIANDA: Fortuna, specialmente all'inizio di una nuova impresa.
GHIRLANDA: Appuntamento segreto e appassionato con un innamorato.
GIACCA: Attenzione alle malattie polmonari. Un lavoro in cui s'indossa una divisa.
GONNA: Simpatia e allegria in compagnia di amici.
GRADINI: Ostacoli sul lavoro a causa di una persona malvagia.
GRANELLI: Ricchezza.
GRANO: Nascita di un bimbo. Famiglia numerosa.
GRAPPOLO: Un tradimento del partner verrà scoperto.
GUFO: Prudenza.

I

IMPICCATO: Disastri economici solo di passaggio.

INCUDINE: Fiducia da parte di persone che si aspettano molto da noi.

INSETTO: Piccoli problemi e cause di irritazione.

L

LABIRINTO: Coraggio.

LAMPADA: Chiarezza in qualcosa che ha creato preoccupazioni.

LAMPO: Eccitazione.

LANCETTE DELL'OROLOGIO: Malattie in famiglia.

LEGGIO: Lavoro intellettuale. Amici colti.

LEONE: Forza d'animo.

LETTERA: Notizie in arrivo.

LIBRO: Problemi legali. Ascoltare i consigli degli altri prima di agire.

LINEA: Giornata tranquilla, se è diritta. Imprevisti, giornata instabile, se è sinuosa. Ottimismo, se è rivolta verso l'alto. Pessimismo, se è rivolta verso il basso. Singola, avanzamento. Doppia, viaggio. Linee che s'incrociano, decisioni che influenzano il corso dell'esistenza.

LINGUA: Maldicenze.

LUCCHETTO: Una situazione problematica si risolverà in un'altra città.

LUMACA: Esistenza tranquilla senza imprevisti.

LUNA: Fortuna, buone notizie, se crescente. Sfortuna, cattive notizie, se calante. Amore, se mezzaluna.

LUPO: Furto.

M

MADIA: Risparmiare è necessario.
MANETTE: Grane con la giustizia.
MANGIATOIA: Nascita o concepimento di un bambino o di un'iniziativa.
MANO: Visita di un amico.
MARE: Cambiamenti in ambito affettivo e lavorativo.
MARTELLO: Il corpo ha bisogno di molto movimento.
MASCHERA: Inganno.
MAZZO DI FIORI: Felicità in amore.
MELA. Conoscenza di qualcosa che sarà di grande utilità. Successi economici. Una tentazione ti metterà alla prova.
MITRA VESCOVILE: Incontro con un maestro spirituale.
MOLLE: Una persona attraente ma scostante entrerà nella nostra vita.
MONETE: Soldi in arrivo.
MONTAGNA: Ambizioni.
MOSCA: Un periodo di cattiva salute. Depressione.

N

NASO: Notizia poco piacevole riguardante il lavoro.
NAUFRAGIO: Furto. Perdita. Speranze vane.
NAVE: Aiuto che eliminerà una preoccupazione. Soldi o beni attraverso un'eredità, una vincita o una fortuna inaspettata.
NIDO: Famiglia felice.
NODO: Burrasche passeggere in amore.
NOTA MUSICALE: Interessi artistici.
NUBI: Problemi temporanei.

NUMERO: Il numero che compare indica fra quanti giorni succederà qualcosa di importante. Può anche essere un segno della fortuna e va pertanto giocato.
NUVOLE: Contrattempi.

O

OBELISCO: Vita piena di gioia.
OCCHIALI: Problemi di salute.
OCCHIO: Abilità psichiche. Credere nelle proprie intuizioni. Attenzione al mondo circostante. Qualcuno ci osserva.
OMBRELLO: Protezione. Un aiuto arriverà al momento opportuno.
ORECCHIO: Buone notizie. Non ascoltare i pettegolezzi.
OROLOGIO: Appuntamento importante da non mancare.
ORSO: Pericolo, specialmente in ambito economico-finanziario.

P

PADELLA: Sofferenze affettive genereranno cambiamenti.
PALLA (PALLONCINO): Scarso controllo sulla propria esistenza.
PALMA: Il desiderio di un viaggio si realizza.
PANE: Periodo di prosperità e abbondanza.
PANTALONE: I figli necessitano di maggiore dolcezza.
PANTOFOLA: Breve amore.
PAPPAGALLO: Visita ad un parente.
PAVONE: Una notizia porterà serenità.
PENNA: Mancanza di chiarezza.
PENTOLA: Problemi, accuse.
PERA: Una cerimonia si avvicina.

PESCE: Riceveremo un aiuto di nascosto.
PESCI: Successo.
PICCIONE: Problemi motori.
PICCONE: Determinazione che farà ottenere l'obiettivo desiderato.
PIEDE: Viaggio oltremare.
PINZA: Paura di una malattia.
PIPISTRELLO: Amici che sparlano dietro le spalle.
PIRAMIDE: Bisogna concentrarsi sull'aspetto spirituale della vita.
PISTOLA: Maldicenze.
PIUMA: Instabilità. Una persona conosciuta non è degna di fiducia, non è sincera.
PONTE ROTTO: Fallita soluzione di un problema (nelle figure correlate le eventuali soluzioni possibili).
PONTE: Superamento di una difficoltà. Nuova occasione.
PORTA: Opportunità in arrivo.
PRIGIONE: Amore non corrisposto.
PUGNALE: Paura, preoccupazioni, situazioni tese (le figure correlate riveleranno la natura di queste tensioni).
PUGNO: Litigi e dispute.
PUNTI: Soldi.
PUNTO DI DOMANDA: Indecisione (gli argomenti sui quali c'è indecisione sono rappresentati dai simboli che si trovano vicini).

QUADRIFOGLIO: Grande fortuna.
QUADRUPEDE: Dispiaceri.

R

RAGNATELA: Protezione da forze negative che superano il tuo controllo.

RAGNO: Perseveranza premiata. Segreto svelato.

RASOIO: Ricaduta in una malattia.

RASTRELLO: Godere di una felicità momentanea.

RETE: Attenzione alle trappole perché aleggia un pericolo.

RETTANGOLO: Intensa attività sessuale.

RETTILE: Tradimento.

RICCIO: Persona introversa, difficile.

RONDINE: Riconciliazione con la persona amata.

ROSA: Buona salute.

ROSARIO: Paura nel futuro.

RUOTA: Fortuna. Un punto di svolta nella vita.

S

SACCO: Qualcosa di importante come un nuovo lavoro o un aumento.

SCALA: Avanzamento. Progressi.

SCARAFAGGIO: Fortuna (verifica con le figure correlate se si tratti di fortuna in generale o di qualcosa di specifico).

SCATOLA: Un regalo (le figure correlate potrebbero fornire maggiori informazioni). Scandalo familiare.

SCETTRO: Partner autoritario.

SCOPA (SPAZZOLA): “Spazzare” via tutti i problemi. Nuova casa. Nuovo atteggiamento.

SCRIGNO: Un rapporto con una persona (o una situazione) si conclude.

SECCHIO: Frustrazioni dovute a un lavoro modesto.

SEDIA OCCUPATA: Una nuova persona sta entrando nella vita del consultante (le figure correlate daranno maggiori informazioni).

SEDIA VUOTA: Abbandono di una persona.

SEGA: Partner insopportabile.

SELLA: Cogliere al volo le opportunità che capitano.

SERPENTE: Guarigione. Un amico, creduto fidato, ci farà del male.

SGABELLO: Aiuto disinteressato da parte di una persona generosa.

SIRENA: Tentazione.

SOLE: Felicità. Confidenza.

SPADA: Nemico pericoloso. Periodo di duro lavoro.

SPIGA: Prosperità, fine di problemi economici.

STECCATO: Ostacoli.

STELLA: Fortuna. Cambiamenti positivi.

STIVALE: Aumentare gli sforzi se si vuole raggiungere gli obiettivi prefissati.

STIVALE: Fortuna, superamento di difficoltà.

STRUMENTI MUSICALI: Pace e armonia.

STRUZZO: Amico poco fidato.

TAVOLO: Riunione. Festa. Attenzione al lavoro.

TAZZA: Sforzi notati da altri e ricompensati.

TEIERA: Accontentarsi di una esistenza tra le quattro pareti domestiche.

TENDA: Periodo avventuroso. Un nuovo lavoro che potrebbe mutare radicalmente la vita.

TESCHIO: Pericolo. Rischi. Morte.

TOPO: Guardarsi dagli amici.

TORO: Non recedere dalle proprie posizioni. È necessario mostrare forza e determinazione (le figure vicine potrebbero dare maggiori informazioni sulla persona o la situazione).

TRIANGOLO: Successo, se un angolo è indirizzato verso l'alto; insuccesso, se verso il basso.

TRIDENTE: Guadagno attraverso il mare, viaggio per mare oppure un marinaio che verrà, se i denti sono puntati verso l'alto; se invece sono indirizzati in basso, perdita attraverso l'acqua.

TRIFOGLIO (QUADRIFOGLIO): Fortuna.

TROMBA: Radicali mutamenti dovuti a un grande amore.

TRONO: Successi nel lavoro. Crescita sociale.

U

UCCELLO APPOLLAIATO: Attesa di notizie, di un pacco o di una lettera.

UCCELLO IN VOLO: Notizie in viaggio (la loro natura sarà svelata dalle figure correlate).

UNGHIA: Attenzione ai nemici o agli amici con una doppia faccia.

UOMINI IN FILA: Buoni risultati nella carriera.

UOMO A CAVALLO: Aiuto inaspettato da un amico.

UOMO NERO: Relazioni con un uomo con carnagione o capelli scuri.

UOVO: Successo assicurato da buoni progetti e duro lavoro.

V

VAGONE: Eredità.

VALIGIA: Viaggio.

VANGA: Licenziamento.

VASO: Abbondanza di beni materiali.
VECCHIA: Persona abbandonata, introversa, sola.
VENTAGLIO: Amore, anniversari, feste. Non bisogna nascondere la verità se non si vuole avere problemi in futuro.
VIRGOLA: Pericolo da evitare.
VITE: Timidezza.
VOLPE: Astuzia e molte risorse, specialmente negli affari.
VOLTO: Una persona pensa a noi intensamente.
VULCANO: Manifestarsi di qualcosa finora nascosto. Frustrazione. Collera.

ZAMPA: Persona violenta.
ZERBINO: Salute cagionevole.

Forme geometriche semplici

CERCHI IN NUMERO MAGGIORE RISPETTO ALLE FIGURE:
Guadagni raggiunti senza difficoltà.

CERCHI IN NUMERO MINORE RISPETTO ALLE FIGURE:
Perdite di denaro.

CERCHIO CON 4 PUNTI INSCRITTI:
Figlio.

CERCHIO IMPERFETTO: Femmina.

CERCHIO PERFETTO: Maschio.

CROCE: Morte.

LETTERA H: Grane con la giustizia.

LINEE DRITTE: Piani ben definiti.

LINEE ONDULATE: Incertezza.

LINEE PUNTINATE: Viaggio.

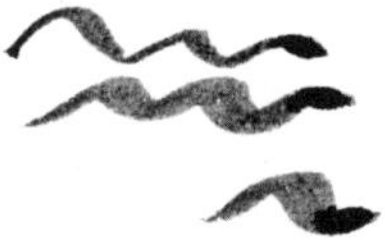

ONDE: Alti e bassi.

OVALI: Successo negli affari.

QUADRATI: Cattivo auspicio.

RETTANGOLO: Fortuna, comprensione.

ROMBO: Difficoltà.

SPIRALE: Disequilibrio, disarmonia.

STELLA: Successo.

TRIANGOLO ROVESCIATO:
Fallimento, perdita.

TRIANGOLO: Lavoro in vista, fortuna.

Bibliografia

Allen Stewart Lee, *The devil's cup*, Soho Press, 1999.

Cooper Patrinella, *Gypsy Magic*, Random House, 2001.

Fenton Sasha, *Tea cup reading, a quick and easy guide to tasseography*, Red Wheel/Weiser, 2002.

Galloni Caterina, *Manuale pratico di caffeomanzia*, L'Airone, 1996.

Giacometti Gabriella, *Manuale di chiaroveggenza*, Mondadori, 1991.

Hattox Ralph S., *Coffee and coffeehouses*, University of Washington Press, 1985.

Hepburn Rae, *Tea leaf fortune cards*, Journey Editions, 2000.

Louis René, *Dictionnaire du mystère*, Éditions du Félin, 1994.

Mizumoto Posey Sandra, *Café Nation*, Santa Monica Press, 2000.

Pendergrast Mark, *Uncommon grounds*, Basic Books, 2000.

Ramponi Valerio, *Il tuo futuro nella tazza di caffè*, De Vecchi, 1984.

Reilly H.J. - Brody R.H., *Manuale della salute di Edgar Cayce*, Edizioni Mediterranee, 1988.

Servier Jean, *Dictionnaire critique de l'ésotérisme*, Presses Universitaires de France, 1988.

Sophia, *Fortune in a coffee cup*, Llewellyn Publications, 1999.

Tegtmaier Bettina, *Il grande libro della divinazione*, Edizioni Mediterranee, 1986.

Zad Sara, *The complete guide to coffee grounds and tea leaf reading*, Astrolog Pub House, 1998.

Zolar, *Dizionario di segni, presagi e superstizioni*, Pan Libri, 1991.

Finito di stampare
nel mese di febbraio 2003
presso la Tipografia S.T.A.R.
Via Luigi Arati, 12 - 00151 Roma